哈洛德・柯依瑟爾 著
方子恆 譯

WARUM ES UNS SO SCHLECHT GEHT, OBWOHL ES UNS SO GUT GEHT

Was ist ein gutes Leben?

為什麼我們明明過得很好卻不快樂？

關於幸福生活，哲學家有話要說

物質生活越豐富，精神生活越貧乏，空虛究竟從何而來？

Harald Koisser

目錄

01

02

熊與厄運名單的寓言

有一則謠言傳遍了整片森林：熊掌管了一份名單，在名單上記錄著每隻動物的厄運以及厄運怎麼發生。動物們都覺得這太奇怪了，必須要去確認一下。

公鹿鼓起了勇氣去找熊。

「這是真的嗎？你手中真的有一份記錄著我會出什麼事的名單？」公鹿問。

熊低吼了一聲。

「然後……恩……可以請你告訴我，我會發生什麼事嗎？」

熊再度低吼了一聲，消失在他的洞穴中，接著他帶著一份名單走了回來，戴上眼鏡開始尋找公鹿的名字。

「你在下一次發情期的時候，會在打鬥中被對手刺中側腹，然後因此身亡。」

公鹿嚇到了，他在接下來的日子裡進行許多的訓練。接著發情期到來。很快地，不幸的事情在他的第一場戰鬥中就發生了。他的側腹被刺中，然後死亡。

此時動物們都心煩意亂了起來。「我一定要搞清楚！」野豬大叫著朝熊走了過去。「這是真的嗎？你手中真的有一份記錄我會出什麼事的名單？」野豬問。

熊低吼了一聲。

「拜託請你告訴我，我會發生什麼事？」

熊戴上眼鏡開始尋找野豬的名字，名單因為翻動而沙沙地響著。

「你會在下一個打獵季節中被獵人射中，然後逃進矮樹叢裡，而你的腿會永遠殘廢。」

野豬發著抖快步跑走了，接著盡他所能地躲起來。等到打獵季節開始的時候，一位年輕獵人舉著獵槍出現在野豬面前，但他沒有瞄準好，野豬哀嚎地逃進矮林中。

動物們都害怕了起來。

「我們該怎麼辦？」有些動物問。「這件事情大家都無能為力。」其他動物說。

最後兔子蹦蹦跳跳地跑去找熊。

「這是真的嗎？你手中真的有一份記錄我會出什麼事的名單？」兔子問。

熊低吼了一聲說：「如果你想知道的話，我來查看看。」

「不、不、不用了，沒有這個必要。」兔子說，「我只有一個問題，有辦法將我從名單上剔除嗎？」

熊低吼了一聲，戴上眼鏡並將兔子從名單上劃掉了。

尋找幸福的生活

「每個人想要的都一樣，不是嗎？大家都想要快樂的結局。」
——小史蒂文[1]

「存在人類之中的主要與基本動力，和存在於動物之中的動力是一樣的，也就是（……）追求生存和幸福的衝動。」叔本華這樣寫道。要做到這件事的前提比以往任何時候都容易，因此可以發現，人類已經跟隨了自己對於生存與幸福的衝動。在工業化的國家中可以看見前所未有的富裕與奢華，家家戶戶都裝設了使工作更簡便的機具；運輸工具變得有效率，舒適度也急遽上升著；醫療照護更有顯著的提升。

金融危機再次慘痛地提醒了我們，世上沒有什麼是永恆的——沒有無止盡的成

1　譯註：小史蒂文為美國音樂家與演員史蒂文・范・贊特（Steven Van Zandt）之藝名，此為其歌曲團結（Solidarity）之歌詞。

長，幸好也不存在無止盡的衰退——但我們已經走到盡頭了嗎？我們感到氣憤的是，今年負擔不起飛往馬爾地夫的班機、平常每三年就會換一台的汽車得再多開兩年。只是提醒一下：直到不久前，我們都還活在「如果經理在某年之中使業績成長百分之十，但次年只成長百分之三，他就會被鄙視」的時代。即便是成長本身也必須成長，如同要突破所有自然的極限與常理一般。然後這樣就結束了，但我們還沒有走到盡頭。如今我們正處在經濟危機之中，然而我們長久以來早已深陷在意義危機（Sinnkrise）裡，因此我們應該捫心自問：「真正」的幸福生活究竟是什麼？

早在經濟危機發生前，生活雜誌與書店裡就充斥著星座運勢、愛情與幸福的指南，從來沒有這麼多給各種生活處境的建言。因此危機早在顯現於經濟狀況之前就存在了。

我們在各式各樣的生活指南書籍中，學習如何去愛、如何去生活、如何正確地度假，以及如何成為好母親、好經理或是完美的另一半。顯然還有數百萬對夫婦每晚睡前都會看「如何成功進行性行為」的指南，因為這類的書籍比比皆是。當然還有有關於孩子的！任何一對負責任的父母都有自己的圖書館，裡面一定有關於餵母乳、包尿布、學習睡覺、正確地玩耍、疾病等內容的豐富藏書。此外還有空間佈置的建議、風格的建議。如何裝飾自己的家？如何正確地擺置餐具？不免俗地當然還有：要用什麼樣的葡萄酒搭配哪一種食物？顯然我們都需要一個能替所有事情做選擇的方便指導守則，因為我們內心的指南已經不再起作用了。或者只是因為我們有了這些實用易取得的指南，就單純不再聽從內心的聲音了？所以在拿搭配自己喜歡的起司的葡萄酒之前，我們更傾向拿別人推薦的葡萄酒。

要是藉由魔法之手讓地球上所有提供意見參考的書籍、資料都消失的話，會發生什麼事呢？我們還能有性生活、還能生小孩、還能夠居住、還能夠事業升遷嗎？還能找到幸福嗎？我建議敢冒險的人可以嘗試看看，一年內都不參考意見型書籍、星座運勢或任何其他的建議指南來生活。這可能很難做到，因為連我們的生活中都充斥著承諾我們幸福、快樂的廣告。如果買了這些商品卻沒有產生幸福感的話，我們還有希臘的自我發現課程呢！

噢，要是所有事情都能用嘲諷的方式來解決就好了！但這更嚴重。不同年齡層與群體的人們都面臨一個全新的、致命的文明病——過勞死（Karoshi）（日本人如此稱呼這種壓力所致的死亡）。根據世界衛生組織的說法，壓力是這個世紀最大的健康威脅。不管是醫生、飛行員、超商收銀員、教師或是小孩子（沒錯，尤其是小孩子）

都會受到巨大的壓力威脅。

為什麼我們明明過得很好卻不快樂呢？富裕社會中的人們對幸福的生活沒有興趣嗎？

人們渴望的似乎比幸福生活來的更多。當然，這只有在渴望的事物不存在時才會發生。我們是那種本質上有所缺乏，比起實現願望更喜歡努力追求的生物嗎？如果我們已經實現了目標，那我們還要盼望什麼呢？所以我們因此避開幸福的生活，並且創造一個使我們精疲力盡、崩潰的環境嗎？就這樣把一個最靠近天堂的地方變成煉獄。

我們就像寓言中的動物：住在茂密的森林裡，名字出現在那愚蠢的厄運名單上，而那份名單讓我們精疲力盡。這本書是我寫給那些想把名字從厄運名單上剔除的人看的。為此，我們必須擦亮雙眼，看清楚幸福生活的關鍵是什麼。我們經常表現得像弄丟鑰匙然後在路燈下尋找的某個人——但並不是因為那個人在路燈下弄丟了鑰匙，而是因為那邊比較亮，在那邊看得更清楚。這個世界上有很多光亮，也有很多願意向我們展示幸福、閃耀著光芒的人。他們就是那些明亮的路燈，所以我們就在這之下尋找，與此同時，幸福的鑰匙就在不遠的黑暗之中。

在本書的第一部分：將會從個別的觀點來討論幸福生活。我們在這裡跟著兔子穿越森林。那裡有一些墊腳石，我們可以藉此找到可靠的路，雖然也可能在上面滑倒然後弄傷自己。每塊墊腳石的背後或許埋著危險的地雷，這意味著我們必須謹慎。

在本書的第二部分：我們拜訪了熊。他似乎比其他動物知道更多事情。每個動物都非常忙碌，而且都試著要為自己拿出最好的表現。然而熊手上握有和大家有關的某樣東西。他有一份名單。也許純粹是一個理論、一種策略……？他大概非常了解這些森林裡的動物們，並且努力打破大自然野蠻的秩序，然後用一個其他更好的秩序來取而代之。

自希臘古典時期以來，哲學家、政治家與宗教領袖們就在思考，對**所有人**而言什麼是「好」的。他們在某種程度上試著將幸福融入國家與社會的理論中，並串聯起巨大的網絡，想藉由這些網絡凝聚追求幸福的人們，儘管那些人在這些網絡中可能會有受困的感覺。

如果你只對個人的生活藝術非常感興趣的話，那這本書的第二部分可能不會太吸引你。「自己發覺什麼是幸福生活」以及「如何面對墊腳石」比較符合你的需求，所以你看完這本書的一半後就可以闔上、放一邊了。只是同時，其他人會繼續思考關於你的事。不是關於你個人，而是關於你與其他人，以及整個社會。制定法律、作出重大的改變，這所有的一切為的只是讓你和你的同胞們過得好。墊腳石同樣是一個大理論，非常巨大也非常複雜，因為它是針對許多人的概念。不幸的是，我們可以從人類歷史中看到許多令人難以置信的地雷。即便從整體上來看，事情有時也會出差錯。我們來看看為什麼吧！

當我們在談幸福的時候，談的是什麼？

在進入話題之前，我必須先稍微打斷一下。作為哲學的驗光師，我想要幫你配一副能看得更清楚的閱讀眼鏡。在大部分的討論中，相似的詞彙會造成困惑，而本書中也不乏這類的用詞：幸福、好的生活、道德、倫理等等。這些都是近義詞嗎？大家如何理解這些詞彙？大家談論到幸福或美好的生活時，指的是什麼？

幸福

人人都在追求幸福。美國憲法甚至將這種追求寫入其中。「沒有人能在死之前就自栩自己過得幸福。」呂底亞的國王克羅伊索斯[2]對於來拜訪的梭倫（Solon）說的這一席話很是不悅。我們簡單地來看這些用詞，至少能做出下列的區別：

首先，我們可以「走運」（Glück haben）。如果走在街上，從八樓掉下來的花盆砸到其他人，表示那個人不走運，而自己則是走運的一方。這種「走運」的感覺是偶然產生的，我們無法控制。

2 譯注：呂底亞（Lydia），西元前七世紀至西元前五四六年，位於小亞細亞中西部的古國，瀕臨愛琴海。克羅伊索斯（Kroisos）為呂底亞王國的末代君王，西元前五四六年被波斯帝國的居魯士大帝打敗。

但我們也可以是「快樂的」（glücklich sein）。這形容的是一種單純覺得美好而且與世界合而為一時，生活中的瞬間寫照，譬如當我們與朋友一同歡笑、與孩子一同玩耍，或是以充滿愛意的眼神注視著某個人的時候。這些不像「走運」需要偶發事件來觸發。每個人都知道那樣的幸福時刻，很多人把這些時光的最大總和視為「幸福」，並且保存在他們的回憶中一再回味。

最後一個是「幸福的生活」（das glückliche Leben）。與「生活」（Leben）一詞的連結顯示出這和長期的觀察有關。這和幸運的偶發事件或是快樂的時刻沒有關係，而是與我們對日常生活的滿意度有關。幸福的人不論有沒有快樂的時刻也會快樂地度過每一天，他會以自己是幸福的人來開始每一天的生活。這和「正向思考」沒有關係，而是一種基本態度。

根據這些意義上的差異可以知道，當我們談到幸福的時候，彼此的定義往往是不一樣的。被迫參與遊戲的人、在重要節慶前一晚贏了遊戲的人，以及非常知足的人之間，存在著截然不同的境界，然而這些都可以說是擁有幸福。

也許我們不該濫用「幸福」一詞。對赫曼．赫塞[3]而言，這是一個「隆重的」詞彙，一般人很少會說出口，但要說的時候應該懷抱著「謹慎與慈悲」的心情，因為這是「一個充滿古老魔法與感性的詞彙」。而最大的幸福，大概就是不要去追求它。

生活品質

「生活品質是一個人對自己與生活中文化關係的主觀認知，以及自己所生活的價值體系。而這個價值體系涉及自身的目標、期待、標準與抱負。」到此是世界衛生組織（WHO）所下的定義。這是一個相對新穎的概念，它包含了生理、心理與社會的心理狀態，但在現今指涉的幾乎僅只於外在的狀態，像是居住區域的品質、休閒娛樂與教育機構的基礎設施。如果我們對此具體地思考，是不是只要生活也在非物質層面提供品質，就可以把這個概念和「幸福生活」相提並論。由於「生活品質」

3 譯注：赫曼．赫塞（Hermann Hesse），一八七七至一九六二年。德國詩人、小說家。為一九四六年諾貝爾文學獎得主，著有小說《鄉愁》、《徬徨少年時》。

這個詞彙的使用比較模糊，所以我在本書盡量避免使用它。

道德

道德一詞可以追溯回拉丁文mos/moralis（舉止），表示被認可為正確的行為，然而其中「正確的」指的並非字面上的意思，而是指合乎道德的行為。**技術上**而言，我們確實可以在自然保育區的河道上建造一座橋，但這在**道德上**來說是不恰當的。道德是以共識作為基礎，而共識會隨情況不同而變化。「為了進行判斷，我們需要一個基準點。港口會對船上的人員進行判斷，但在道德中我們要從哪裡找港口呢？」布萊茲．帕斯卡[4]問道。港口是由不同群體所定義的，因此會存在普遍的道德、公民的道德、夥伴關係的道德等等，而這些道德可能會相互矛盾。當道德被喚醒的時候，我們會確實察覺到，並且產生一種伴隨著誓言與呼籲的嚴肅責任感。就像玩笑話說的：「歡樂止於道德。」

---

4 譯注：布萊茲．帕斯卡（Blaise Pascal），一六二三至一六六二年。法國數學家、物理學家、宗教哲學家。

倫理學

對有理性的人類而言，完全基於慣例與傳統行事並不恰當。亞里斯多德（Aristoteles）認為，評斷行為好或是不好的標準是必要的，他稱這樣的標準為倫理（Ethos）（即習慣的位置、習俗、性格）。這個詞彙成了哲學的中心，並且對行為的動機與造成的後果進行評價。倫理學要求的是在複雜的世界中做出合乎道德的決定，如此這些決定才會持續保有正當性。倫理是負責任的人的工具，也是試圖回答康德（Immanuel Kant）所問的簡單問題：「我應該做什麼？」的答案。但這並不是技術層面上的意義（例如：什麼能夠指引達成目標？），而是一直都是道德層面上的意義（什麼是好的以及正確的？）。倫理學常常被形容成是「道德哲學（Moralphilosophie）」，「倫理學」與「道德」這兩個詞彙在某種程度上會被當作近義詞使用，因此我在本書對這一點也持保留態度。

幸福的生活

這是一個源自古希臘時期倫理學辯論的古老概念。對合乎道德的正確行為的疑問正好與對幸福生活的疑問相呼應，因此幸福生活也具有道德的成分，只有「好人」才能過「好生活」。即使至今日，「好人」指的仍是自己的人生與人類道德標準相符合的人。但是現在我們不會再說這就是幸福的生活，因為我們對於人類本身所知太少。今日除了公共道德之外，個人幸福也是我們應得的。我們可以是好人，但是仍然過著糟糕的生活。

「幸福的生活」在今日聽起來有點類似義大利語的 dolce vita（幸福生活）。但是如果有個人被說日子過得不錯，這往往帶有指責的意味在。我們會馬上想到那個人無所事事、翹著二郎腿還瞧不起常態性的工作。天主教與喀爾文教派的道德對我們下了個緊箍咒，這讓任何人都沒辦法過得很好。不管如何，dolce vita 並不是幸福的生活。這正是我們在這富裕的社會中要好好思考的。

如果某個人能在最大滿足感的狀態下實現自己的人生計畫，那他就是過著幸福的生活。因此個體顯然是很重要的。然而幸福生活在這個定義中並不是基於純粹的利己主義，因為要是完全漠視道德標準的話，生活就不會成功。想以「壞人」的身份過美好的生活幾乎是不可能的，惡人很少能讓自己的內在平靜下來，而且對他們來說，要實現他們的生活目標是很困難的。雖然以不正派的方法變富有不無可能，但長遠來看，如果明顯違反環境的道德標準的話，那周圍環境就會反撲。譬如黑手黨的人奉行自己的道德，這種道德讓他們覺得光榮，但他們同時也會受到國家嚴厲地制裁，或是被同路人毆打致死。

我們的同情有時可能也屬於這種快樂的道德虛無主義者（Amoralist）類型。這類型的人我們會在電影裡（例如享樂主義殺手詹姆士・龐德〔James Bond〕），以及現實裡（多半是政治中）看到。那些敢於曲解、打破法律、自己制定法律並監督以確保這些法律受遵行的人，會被莫名地崇拜。道德虛無主義者代表了受到壓迫的小市民，不要臉地違反所有規則，展現出只要敢於去做，就能實現任何目標。但是，小市民同樣也對罪犯的審判過程與宣判結果感到愉快。快樂的道德虛無主義者經常只是短暫感覺快樂，並且會對自己和這個他既無法理解、還對他劃下界線的世界妥協。個人與其界限——這絕對是與幸福生活有關的重點。

第一部：墊腳石與地雷

要過幸福生活所需要的並不多。生活是每一秒鐘都在發生的事情，也就是現在，你在閱讀這段文章的當下。你在讀文章的時候開心嗎？你因為疲勞而揉了一下眼睛嗎？你對這本書抱有期待嗎？這本書會是讓你前進一小步的墊腳石嗎？你不需要藉由自由主義、信仰、叔本華的同情倫理學或社會主義來下這個決定。你的美好生活取決於日常生活中，你每天都將其掌握在手中。接下來我將會提出二十個與生活息息相關的基本主題討論。

但這二十個主題不只是神奇的墊腳石，也會是具毀滅性的地雷。可能會因此將幸福生活炸得面目全非，也可能在能贏的地方輸光所有。

接下來文章的編排會有些微不同，但這些主題絕對不是隨意挑選的。這不需要強而有力的證據來證明——因為生活本身就會教導每個人關於「金錢」、「自由」、「愛」或「死亡」的意義。我們可以馬上了解，幸福生活正是和這些事物緊緊相扣。沒錯，我們都明白，但事實是我們要等到這些事被提及的瞬間才明白。

我們確實不會花一整天的時間去思考「自由」、「愛」或「死亡」，畢竟我們要為孩子們添購冬衣、回電話給阿姨，還要報稅。這些必要的日常工作，常讓人無暇分心在根本的事物上。

請不要分心。只要能在主觀上正確處理生活中的基本事物，幸福生活就近在咫尺。我會提出了一些搜尋後面陸續提到的觀念的方法，讓你加以閱讀、選擇，並得出自己的結論。現在所提出的概念對幸福生活而言很重要，但是就每個人的價值觀而言，其順序、排名永遠都不一樣。或許其中某個觀念對你有較大的意義，另一個則沒有，這個順序由你自行決定。因此你應該思考，對於接下來提到的概念，要如何根據個人的重要性去排名，以及這個順序是否符合現實生活的情況。

也許你可能是屬於任何事對你而言都不重要的類型。這當然也是一種可能的態度，一般稱之為斯多噶主義（Stoizismus）。不接觸這些事物、只是避免不去踩到任何地雷都是一種嘗試，但這會是一種不慍不火的生活。

我認為「遁世而居」（伊比鳩魯〔Epikur〕）與斯多噶主義是行不通的，因為它們對於先後順序的主張就是沒有優先順序、不受干涉（但人是有優先順序的！）。然而生活涉及所有的一切，人沒辦法從中逃離，生活就像我們眼前一片廣闊、荒蕪的田野，我們必須透過思考生活來面對它。

現在開始，我會針對下列每個概念，依序從工作到死亡，簡短地說明其光明面與黑暗面、墊腳石的一面與地雷的那一面。

希望各位能享受閱讀這本書並享受生活！

工作，或積極的生活

工作這件事聲名狼藉。人們總是抱怨必須去工作。德語語源學詞典對此解釋得相當清楚：「古高地德語的arbeit(陰性)；arbeiti(中性)，意指艱辛、折磨、勞累。」正因「工作」一詞在德語中為「折磨」的同義詞，因此一直受人抱怨。如同聖經所說，我們必須汗流浹背地賺取養活自己的麵包。

「工作」是種文明的現象。獵戶與採集戶只懂得生存與日常的戰鬥，他們的生活就是工作。隨著文化的發展，生活變得更有組織性，並產生了「工作」與工作以外的時間。時間被一分為二，一段用來「辛苦工作」，另一段則是放鬆休息、從事其他活動。工作因文化而生，而文化也因工作而生。

即便今日的工時減少，我們依然處在這樣的狀態中。工作是一回事，休閒是另一回(比較好的)事。我們都極度渴望長時間的休閒，但我們暗地裡都清楚這樣會自取滅亡。我們必須具有生產力，也都不想失業。有錢的人很樂意花錢找事做，因為人類是一種創造力而且很想要工作的物種。然而在工作這方面，最重要的不是酬勞，而是工作的意義。

這種意義是相對的。今天某些人在休閒時為了放鬆所做的事情，其他人未必會願意花錢進行。假設今天有人的工作是要用化學塗料來替錫製的小士兵上色，工會組織必定會針對這件工作密切監督。然而，許多人在周六夜晚自發性的作這種工作或從事其它更特殊的活動，藉此來放鬆。因此，如何定義工作和娛樂，這就是個人事務了。

《湯姆歷險記》中，湯姆被處罰在一個美好的星期天將花園籬笆漆成綠色的。這個故事告訴我們，一切都取決於看事情的觀點而已。「嗨，小老頭！被處罰啊？」湯姆的第一個朋友嘲笑他，手裡拿著泳褲從他身邊經過，正要去游泳。正是這個嘲笑（或者也是同情）讓這件工作變成折磨，湯姆靈機一動，決定全心投入這份苦差事。當另一個男孩嘲諷湯姆大概是個工作狂時，他眼神向上並問他：「你怎麼會說這是工作呢？」

這個男孩目瞪口呆，湯姆接著說：「難道每天都有籬笆可以漆嗎？」當然不是，從這個角度來看，這份工作就已經變得非比尋常了。剛才還在嘲諷湯姆的男孩現在也躍躍欲試，連其他男孩也一起加入。下午工作結束時，籬笆被漆得完美、平整，湯姆甚至賺到了錢，畢竟幫籬笆上漆這項特權當然不能白白分享給他的朋友。湯姆真是太令人佩服了！

現在我們有相對足夠的機會去選擇我們所喜愛的工作，但我們仍像以前那樣咒罵工作。我們將工作視為不受人喜愛的東西，認為它是一道要克服的門檻，跨過這道門檻才能獲得休閒時間與假期的空閒。因此我們會對佔用生活一半的工作時間感到遺憾，倘若再加上抱怨另一半以及所有瑣事的話，那我們就真的活在苦海之中了。這時我們應該捫心自問，為什麼我們不去改變這一種可悲的狀態。現在我們擁有前所未有的自由，不再受出身與傳統所約束，可以自由地選擇自己的工作。同樣地也不再有媒妁之言的強迫婚姻，遇到麻煩的事情還能訴諸法律救濟。自由的人倘若在抱怨，就是在抱怨自己，因為自己是能夠掌握這些情況的人。今日這種抱怨造成了人們依照工作的遊戲規則去安排自己的休閒時間。如果必須要脫離工作的泥沼，卻想按照工作的生產力原則來達到這一點是很荒謬的。工作與休閒時間應該依照個別的遊戲規則區分開來。工作的遊戲規則為：**你就是要這樣做！**休閒的遊戲規則則是：**你可以這樣做！**然而現在的休閒時間通常會在自我強加的「你一定要這樣做！」的情況下進行，還伴隨著「還有事情得做！」的口號。當我們下班回到家，等著我們的還是工作；反正在公司也是在工作。

「還有事情得做！」這句口號是公司高層給有工作熱情的員工們的鼓勵，意思是：不需要要求，他們也會去找其他事情做。分類期刊、將鬆散的網路線重新收拾好又或是整理檔案。我們還帶著這句口號回家教訓自己的孩子，因為他們**什麼事都沒做**。

我們都被迫要做各種保養工作，也就是維持最低限度的美學（即隨時整理一切事務的心態）。正因為生活意味著不斷增加的混亂，總是一刻不得閒。被逼到極限時，人們可能會問自己：「這一切到底是為了什麼？」在沒有事要做的時間裡，難道沒有「什麼都不做」的選項嗎？與其整理網路線或是削尖鉛筆，開瓶香檳也算是一種精神上的保養。工作有工作的時間，一旦完成之後就沒有工作要做了。或許還有其他事可以做，但為什麼要做呢？鉛筆可以等到有需要時再去削；而檔案會在密集工作的時候，藉由將檔案拿出來並重新排序，自然就會按順序歸檔。

如果想不斷「有效地」利用時間，我們的精神與活力將會被消耗殆盡。突然之間，我們都沒有了（自己的）時間，原因要不是做了某種對自己人生或公司沒有立即性貢獻的工作，就是扮演經理、領班、母親等角色的你，得花時間在監督別人從事無關緊要的工作。

越是「不必要」的工作，越是必須秉持服從原則完成它，或是囑咐他人來完成。或許這種經濟原則就稱之為忠誠，它既有價值又容易管理，因為它是一種人與人之間自發性的行為。忠誠是可以感受到的；相反地，服從則是必須透過強制、涉及金錢的方式形成。人們需要長時間制定規則，並觀察規則執行的狀況。唯有在一個人有能力表現「價值」的時候，忠誠才會發揮作用。忠誠無法單獨存在，它需要一個可以證明的情況。如果被分配到的工作是有意義的，人們便會很樂意去做——不單是出於對公司或家庭的忠心，也是出於對這份工作本身的忠誠。

然而，如今我們除了價值之外，只有目標。無論待在家或在公司，人們每天都會面臨目標的設定，及其偶爾才會面對價值。我們有了一個目標，卻不知道為何要達到它，只因我們必須得完成它。「還有事情得做」，就是這樣。對一名銀行員而言，再多賣出百分之二十的建房儲金設契約（Bausparverträge）絕對是毫無意義的。這樣做會有什麼好處？因為管理者深知這一點，因此會以處罰作為威脅、絕望地設立績效獎勵。比較好的做法或許是告訴員工工作的意義，但這往往不管用。若只有目標的話，是不會有忠誠的。

也許我們應該拒絕設定目標的做法，並且重新將價值觀帶入工作中。若上司做不到這件事，我們那也許可以另尋高就，尋找不單只有目標，還有價值與展望的企業。人們可以根據自己的需求，而不只是依照必要性來安排自己的休閒時間。如此一來，誰說漆籬笆的工作無法變成美好生活的一部分呢？

美學，或美的生活

美學從**定義上**來說是很表面的。若倫理是一種物質，那美學就是衣服，它是感官上能夠感覺得到（思考相對於知覺）、很外顯的東西。倫理是內容物，美學則是包裝。為什麼要探討這個包裝呢？

因為美學是世界所關注的焦點，不論是各種刊物、電視雜誌、名牌商品，幾乎所有的消費產業都奉獻給它了。即便它實際上只是倫理的表皮，卻獲得現代世界中所有的關注。不論是時尚、整形手術、飾品配件還是汽車，一切都因為外表而存在，彷彿和其他事物都無關。人們過著取決於感官上的需求，審美一般的生活著。

即使美學僅是代表我們存在的皮膚，也並非無關緊要，仍必須保護它。如同尼采所說：「就像每一寸肌膚一樣，它揭示了什麼，也隱藏了什麼。」美學具有深度的社會價值並值得尊重，它也是一種視覺上的承諾。鞋店的店員必須穿著時尚，否則他不會令人信服。視覺的信號暗示著人的能力。如果某個人只有美感，但技術、專業不如人，那他終究是個失敗者。美學只是暗示某種東西的存在，然而並一定是真的有。

如今美學標準已是約定俗成，舉凡葬禮、婚禮與家族節日應該如何穿著、在公共場所的行為舉止，都有一定的標準。然而，今日人群中的遊客卻是奇特的例外，他們在世界各地歷史悠久的市中心內，毫無拘束地露出沉重、蒼白且出汗的上身。觀光客顛覆了美學，這個可悲的事實甚至值得獨立寫一篇文章來探討。我只能簡短地說，就是人群中總是存在不體面的人，而他不會比其他人更顯眼。

美學和倫理息息相關，因為外在被視為深層內在的投射。是否遵守服裝規定顯示出人們對社會遊戲規則的理解，這往往透露出某種程度的禮節與文化。無論穿著黑色西裝的人是否真的在墳墓旁哀悼，抑或穿著白色婚紗的新娘是否真的心情激動，這都是另一回事了。不管在任何情況下，美學都會考量到當下的環境與禮貌規則。

現在，將表面的美學作為唯一的內容物，成了現代消費社會一種有趣手段。它成為唯一的倫理。「讓自己保持美麗」是非常直接的廣告口號，而且美妝品牌還會更強調商品的療效。齊克果[5]認為：美學只能以生活來展現。它就像是不斷重複播放的音樂，雖然這種音樂實際上只會出現在演奏會上。消耗品產業便是充分利用這種洗腦式的重複與展示，因為消費者並不會持續產生購買的欲望，因此必須不斷重複喚起他們的消費動機。這一切都**只是**瞬間而已。

當美學成了唯一的倫理，「讓自己保持美麗」就和「你不該殺生」同等重要。腳指甲內生的嵌甲會讓你因為不美麗而感覺到罪惡，你我都要雷射除皺，就算在此之後，你我的婚姻狀況和以前一樣破碎，但我們在婚姻中看起更美麗了。

如果自我價值觀完全受「漂亮的倫理」所牽制，那它就成了地雷。橘皮組織讓皮膚產生皺褶、省吃儉用買來的ＢＭＷ撞壞了，都會造成自信的受損。這個現象在現在的青春幻想中最為明顯，照這個幻想來看，無法避免的衰老已經不復存在。高齡人口越來越多，但他們不願將衰老顯露於外表，於是健身當回春藥、使用產品與療程來抗老化。我只知道道林・格雷[6]找到了不老的方法，儘管這一點也不正常。

5　譯注：齊克果（Søren Kierkegaard），一八一三至一八五五年。丹麥神學家、哲學家及作家，被視為存在主義的創立者。

6　譯注：王爾德（Oscar Wilde）小說《道林・格雷的畫像》（*The Picture of Dorian Gray*）中的主人公。

然而「抗老化」的想法已根深蒂固，廣告也不具有嘲諷意味，最終產生了抵抗衰老可行性。然而，年長者自豪的敏捷與整形手術，都沒有辦法改變即將邁向死亡的事實。

我們對於年齡的增長絕對沒有譴責，而是抱著十分尊敬的態度。年齡的增長在植物學中象徵力量與強壯，老樹便是給人留下強而有力又美麗的印象；葡萄酒也是年份越久，越陳越香。成熟意味著財產。人們會尊重古老的文化，以高昂的價格收購古董。世間萬物都會變老，只有人類不想。如果我們不能帶著尊嚴接受自己老去的事實，那我們也必須接受他人不尊重年長者。我們雖然美麗，卻沒有尊嚴。

我們就像那個穿著考究卻毫無專業的鞋店店員，正踏入悲慘的處境。無論是車子、衣服、搭配鵪鶉的紅酒，種種選擇都顯示我們是有物質性的人，但如果僅此而已，那我們什麼也不是。我們會對於剛承諾了的事情感到失望。

早在西元前四百年，就有一群古典時期的哲學家對美學展開辯論，尤其是享受生活的阿瑞斯提普斯（Aristippos）與嚴肅的第歐根尼（Diogenes）（沒錯，就是帶著桶子的那個人！）經常相互交鋒。有次兩人在公共浴場內探討哲學問題，起了爭執。於是阿瑞斯提普斯在離開的時候，開玩笑地穿走了第歐根尼的破爛斗篷。當第歐根尼發現更衣室裡只有他那不討喜同行者的華服時，寧可不穿，光著身子走回家，畢竟這對嚴格恪守的禁欲主義者而言是唯一的選擇。阿瑞斯提普斯在這場對談中擁有更多的選擇，他可以穿紫色的托加長袍（Toga），也可以穿破爛的丘尼卡（Tunika）輕鬆自如地穿梭雅典，不管他穿什麼都能自得其樂。但第歐根尼做不到，可能會有人問他是不是在道德上對破爛穿著有怪僻，他不似阿瑞斯提普斯愛好打扮，可能只是有更宏觀的審美。第歐根尼必須**展現**他的優越，但阿瑞斯提普斯則是**擁有**優越，因為這兩種衣服他都可以穿，而且對他而言毫無意義。要是在現代，阿瑞斯提普斯可能會高興地開著保時捷去參與哲學辯論，如果因為沒錢得搭電車的話，他也覺得愜意。要是第歐根尼威脅要在他的保時捷烤漆上刮出傷痕，作為一個美學家，他可能會感到惋惜，但作為一個人，他可能會笑出淚來。難道第歐根尼真的認為，阿瑞斯提普斯的自我價值會因此受損嗎？絕對不會。

我們永遠無法逃離美學這種現象，因為我們沒辦法讓自己看不見。不論我們願意與否，都必須展現自己。因此，唯有我們的態度會產生差異，藉此我們才能自由，終而美麗。

需求，或勇於實現願望

人類因為生理所需，必須滿足睡覺、吃飯、新陳代謝等某些需求。此外，對於文化人而言，還有一個巨大的**欲望儲存槽**，這和睡眠需求一樣重要。

但這裡要討論的不是人類受外在力量所驅使的需求，而是「渴望某種東西」的需求。這種因為某種程度上的理智或情感變得明顯時所出現的需求，既微小又日常。人們會想要這個、想要那個，或是最好兩個都要。

儘管有時難以克制欲望，但正是這微小的需求展現出人們對於幸福生活的渴望。因為我們在渴望與理智之間的游移更為自由，面臨日常生活的抉擇時該如何做決定，完全取決於個人自身的生活方式。

試想某個人打算減肥，當他路過餐廳，聞到餐廳裡飄出不健康卻令人食指大動的香氣，於是他帶著絕望的笑容，意識到自己被巴夫洛夫的條件反射給制約了[7]。誘人的假期行程也是如此。當你將所有積蓄投入家中的新廚房之後，阮囊羞澀，要開始省錢。然而此時只要低價就能到阿爾加雅（Algarve）去旅行！這是多棒的一件事啊！

每天都會出現各種需求，有些讓人猶豫不決，有些則讓人感到迫切，這取決於它們的重要性。值得注意的是，這些需求都會遭遇阻礙，彷彿這樣才會被當作需求。

每個人都會去度假。然而只有在經濟狀況不允許之下，才會顯現出哪些需求更為重要。需求是根據物質上的充足或生活樂趣所產生的，因此只有在壓力下才能好好確認。然而不同的需求會相互衝突，因此我們會不斷地在心中天人交戰。要是抗拒不了旅遊的誘惑而下訂了行程，看到信用卡帳單的時候就會咒罵自己；相反狀況也是一樣。滿足需求也是一種痛苦。

就像精子一樣，最終只有一個需求會在內部競爭中取得勝利。需求會加強我們的意願，當它變成願望時就會和其他願望產生衝突。因為其他人也想要實現他們的

7 譯註：巴夫洛夫條件反射（pawlowscher Reflex），又稱古典制約。指一個刺激和另一個帶有獎賞或懲罰的無條件刺激，兩者多次聯結，使人在單獨呈現其中一種刺激的時候，也能引發類似無條件反應的條件反射。

願望，所以需求除了必須在內部競爭拔得頭籌，還要與其他人的需求對抗。

如果晚上要和朋友見面小酌的話，就沒辦法讀床邊故事給兒子聽了；如果為了可以唸床邊故事給兒子聽而提早下班回家，可能會忽略掉工作的職責；如果答應要和丈夫共進燭光晚餐的週四那天，有人從紐約前來拜訪呢？勢必有人會失望。然而願望無法實現，誰不會失望呢？

在阻礙中才能認識需求，也只有抵抗外力才能滿足需求。若我們在生命走到盡頭時，發現需求戶頭裡空空如也，從來沒有任何人匯款進來，要怎麼合理解釋呢？我們曾經那麼辛苦，卻什麼結果都沒獲得。是別人不想要讓我們得到嗎？還是我們從來不知道自己想要什麼？

當然，在抱怨什麼都沒有獲得之前，我們必須先知道自己要的是什麼。大部分的人都本末倒置了，他們抱怨自己沒有收穫，卻根本不知道他們是不是真的想要。年輕有魅力的女伴、事業發展、華麗的別墅——這些是需求嗎？這些都只是投射。大眾將這些美好的畫面展示在牆上，將它們當作希望販售，然而這其中只有少數與個人需求有關。

「認識你自己」這句話就刻在德爾菲的阿波羅神廟門廊上。這句話是用現代德語所寫，說得容易卻很難做到。如果走進我們的內心深處並向內看，就能看見迫切的需求並了解它們。然而我們太忙於扮演生活方式與社會期望的角色，以至於完全陷入其中。作為員工、父親、橋牌社成員、都市景觀美化協會理事和各式各樣的角色，我們就像是演員，扮演拿單與理查三世[8]的同時還要滿足各個角色在劇本中被安排好的需求。然而劇中人物的需求不是演員自身的需求，演員下了戲後想要的東西有別於所扮演的角色。然而，因為我們每天要扮演太多的角色，最後也不覺得自己在角色扮演了，甚至還會把角色與自我混淆。然後我們會驚訝地發現，我們擁有了一切——別墅、汽車、假期、酒窖——卻不滿足。還有，如果滿足了那些非必要的需求，那麼那些我們渾然不知卻是必要的需求該怎麼辨呢？

8 譯注：拿單（Nathan）為萊辛（Lessing）的戲劇《智者拿單》（Nathan der Weise）的主角。理查三世（Richard III）則為莎士比亞戲劇中的人物。

教育，或終身學習

教育在現代是文化的一部分，還是純粹作為經濟的一部分呢？如果政治人物要求制定三歲小孩的能力標準，而國家只是一股腦地維持標準的排名，那答案就顯而易見了。教育就不再是去了解事物，而是要達成目標。當然這兩者不會互相排斥，但為了達成的目標而安排要學習什麼知識，就是純粹的經濟因素了。對工作沒有用處的知識不再具有價值，目的凌駕了興趣，教育因此成為一種純粹的工具，機械化並且被剝奪了樂趣。

如果消除了對知識的渴望與喜悅，並且將「為了應付入學考試」、「社會的期望」、「下次不會再搞砸『PISA測驗[9]』了」定義為知識的最終目標，那我們將

9 譯注：PISA為跨國評估學生能力計畫（Programme for International Student Assessment）的簡稱。針對十五歲學生（即國三生與高中一年級生，鎖定學生的年齡層，而不在乎所屬的年級或學制）的數學、科學、閱讀，進行持續、定期性的國際性比較研究。

對知識與教育一無所知。我們把教育和許多可以下載的資料混為一談（但它們之間可能沒有關聯），讚揚事實知識，把百萬益智節目的贏家當作現代英雄。人類成了事實複製系統、教育體系的極端。

怎麼會變成這樣呢？指標性的人物根據類別、統計數據、排名、競賽，這些依據來定位。如果某個人比鄰居高了三公分，那就是明確地高三公分。但是我們也很希望多三個單位的聰明、美麗以及其他更多的東西。因此有了選美比賽、智力測驗以及其他假裝可以評估不可估量事物的競賽。「美麗」或是「教育」的價值真的只用卷尺就能夠精準衡量嗎？這種想法很荒謬，卻是眾所皆知。我們興致高昂地進行分類，但是應該捫心自問，為什麼要如此認真看待這一切。

事實上人類可能沒辦法接受無法估量的狀態，因此發明了秤來秤重。也就是說，一切都必須秤量才行。如果某位女性有著大眼睛、身材凹凸有致，那她就比另一位女性還漂亮；如果有人知道肯亞的首都、法國總統的名字以及世界上最高的山，那他就是受過教育的。

一切事物就如統計數字所呈現出來的那樣運作，我們用簡易的特徵取代難以理解的事物。這是機械式的翻譯，一定會出現很大的錯誤。但是隨著時間過去，我們都忘記這一點了。

教育體系最終也因此成了測驗方法的附屬，因為無法衡量「教育」，所以轉而衡量其他的東西。然而現在大家都認為教育可以衡量，即便知道「成績單上拿到一個1，代表你很聰明」的想法有點偷懶，但大家仍然接受。對學生來說，「1」表示有很好的平均成績，可以從奶奶那邊得到零用錢。但也僅此而已。

備受讚賞的「終身學習」意味著要完成終身課程並獲得證書。不過「學習」和「被教導」兩者被混淆了，被「教」得很好未必是被「教育」得很好。我們在完成所有課程之後，是否知道如何在社會群體中行事、如何快速地獲取資訊、如何領悟言外之意以及如何感受情緒？經濟根本不在乎知識競賽的贏家是誰，那些不需要理解相互關係的基礎，就可以快速做出正確決定的人，才是職場中「挑選原則」所青睞的對象。一般稱之為「直覺」——這也是教育的一種形式，但可惜的是無法測量。醫生或國事顧問的腦中都有很完整的病理、法律或是政治規則，然而卻應用錯誤，正如康德所說：「因為他缺乏自然的判斷力……，（或是）因為他沒有透過案例和實務來訓練這種判斷力。」

我們並不信任像直覺、創意這類與生俱來的能力，因為我們不再相信自己，現代受過教育的公民只會相信那紙能證明他們知識的文憑而已，情感和知識的複雜組成在那之上轉化成數值。彷彿只有獲得那張可以證明聰明才智的紙張，我們才是聰明的人。當然，這會使人感到寬慰。

也正是因為這種對於教育與菁英的理解，使得幼小的孩童們不斷被鞭策，直到不堪負荷。這刺激了現代人，彷彿為了物理學家與統計學家的誕生，可以用數學公式代替超音波來檢查孕肚中的孩子。在資金幻想與制度化的教育恐怖行動下，一代又一代的父母與年輕人都崩壞了。我們學了很多，卻仍一無所知。「缺乏判斷力實際上就是愚蠢。」[10]康德如此提醒現代人。

與其和孩子們解釋生命的艱苦，不如向他們展現生命的豐富多彩，我們可以給他們許多鬆散的端點，讓他們能夠將之連結在一起。「你常說如果能有顆聰明的腦袋該有多好，誰不也是這麼想呢？」齊克果這麼想，「我幾乎能夠確信，如果我們想要的話，我們就能擁有。如果給一個人能量與熱情，那他就是一切了。」

10 譯注：語出《純粹理性批判》。

感恩，或謙卑的財富

感恩在社群中成長茁壯，會說「謝謝」的人都懂得感恩。每個人都需要知道，感恩是互相的。它連結了每個因此產生的群體網絡，填補了空隙，也連結了要鬆脫的地方。「感恩」和「伸出援手」一樣，不需要什麼大愛，只需要一點尊重而已。

如果停止感恩，那社群也會停止活動，這兩者中任一方的結束也意味著另一方的終結。萬一有天我們活在一個理所當然不再感恩、感恩不再屬於好話的時代，那同時會發現連結已經被摧毀，社群也將不復存在，僅剩下一群不與他人打交道的個體。自我中心主義裡並沒有「感恩」這個範疇，因為它只在乎自己，只會將他人視為擾人的幻影而已。自我中心主義者永遠不會免費得到什麼東西，因為在沒有感恩的地方必須支付報酬，生活消費會變得高昂，也會變得更貧窮。

在現代的消費社會的業務往來中並不存在「謝謝」，只有帳單、法律責任與保固期而已。如果交易很順利，那是正常；如果消費者在購物後再度聯絡賣家，多半是要投訴。消費社會告訴我們一切都是要用定價來買。即便感謝也是如此，終究還是得付錢，一切都含稅。

那些只付錢但沒有被感謝的人，只是被騙取工作報酬而已，因此生產者只有透過盡可能高昂的價格才能獲得自尊心，缺乏的感謝就透過金錢來補償。

同樣地，那些只付錢但沒有感恩心的人，也沒辦法尊重商品。物品的價值不是根據制定的售價來衡量，而是根據喜悅或是使用價值來衡量。任何只要用金錢就能得到的東西沒有任何價值，如果沒有魅力、喜悅、尊重的話，那便一文不值。但在現今消費社會中有許多事物僅以金錢來衡量，因此不再有任何價值。如果我們今天有免費的收穫，會先懷疑這背後動機似乎不單純。所以，只有在尊重的情況下才會存在感恩。

在現今的享樂主義中，感恩具有一個令人不快的部分：在我們得到需要的東西之後，會特別說出「謝謝」。這使感謝顯得謙恭，會傷害自尊，因此驕傲與感恩是強烈的對立面。然而不懂得感恩的人，生活中就沒有禮貌。

「謝謝我來到這個世界上。」我的女兒在母親節卡片上寫了這段話給我，這讓我感覺到謙卑。她是對的。偶爾去感謝看似理所當然的事物也很值得，這並非因為要去諂媚更高的權力，所以將感謝作為祭品奉獻出去，而是為了意識到它的存在。光是「在這裡存在」的狀態就是一件值得慶祝的事。如果能不時想起這點，就會感到無比快樂，然後我們會再次發現簡單的事物並了解它的美好。因為在夏日的陽光下喝一杯沁涼的飲料而感到幸福，是多麼不可思議的禮物啊！幸福的生活觸手可及，就在每分每秒之中，只要懷抱著一點感恩就可以。

進步，或瞎忙

長久以來，「進步」、「經濟成長」或「膨脹」等相關的術語，對大眾而言幾乎是同義字。要是報導與熱烈的經濟活動相反的狀況，如「下降」、「崩潰」，自然會讓人感到恐慌。如果將此套在個人來看，「進步」和「事業」是相提並論的，對我們而言亦是如此。如果聽見某人的事業飛黃騰達，會覺得這是正面的事；反之，事業遭遇挫折則令人不快。

對此我們必須指出，「進步」和「事業」其實都是價值中立的詞彙，絕非指稱那些追求進步的人的幸福。因為聽到某人的事業飛黃騰達的消息時，我們也可能會感到驚慌失措。

進步是一種運動的名詞，以往進步的目標即是社會領域中的「富裕」，這無疑也是幸福生活的核心（詳見「金錢」章節）。進步是戰後以來引導我們走向社會富裕的道路，儘管發生了經濟危機，所有人仍是朝這個目標前進。目標放遠一點當然也沒問題。整體的富裕是不會受動搖的，儘管如此我們仍繼續醉心於進步。

不過這卻自相矛盾，因為如果我們已經達到目標卻繼續往前，客觀上不就意味著我們再度遠離目標了嗎？為了要保持自己的成就，我們必須不斷向前，然而現今的動能是如此巨大，彷彿我們身在廢墟中，距離目標還很遙遠。保持動能是件好事，但是如果我們已經達成目標了，卻要繼續努力到達已經到達的地方，這根本毫無意義。也就是說，我們現在已經沒有目標了，因為它已經實現，而且僅剩一條路而已。我們沒有停下腳步、設定新的目標，只是依循集體對於進步的號召，因為它受到很大迴響而且受眾人追隨，如今這更像是一種**延續**。我們不斷地遠離自己，卻覺得自己正在向前邁進。運動的步伐如此快速，是因為我們早已到達頂點，正在走下坡。對於從享樂與福祉的角度來看，已經成就一切、大眾處於壓力和過度負荷的社會而言，還有什麼能想像呢？這樣還算是富裕嗎？還是這已經是不同的狀態了呢？

對此，我想向各位提出幾個問題：富裕只能透過事業來達成嗎？要達到什麼程度才算富裕？不靠事業達成的富裕存在嗎？

當技術員突然成為公司負責人，因為事業高升，所以賺了更多錢。上述是客觀的事實，但他是否過上更好的生活就是一個問題了。他很有可能因為這個事業的高升而變得不幸，因為他或許是個有天分的技術員，卻不是有天賦的經理人。他沒能從事他喜歡而且得心應手的事情，反而在做他不會而且不喜歡的事。戈登．布朗（Gordon Brown）即是一個政治上的著名例子，他曾擔任英國享譽國際的財政大臣。當時的首相是東尼．布萊爾（Tony Blair），他非常傑出，政務處理得宜，並且非常支持布朗的政策。因為布朗在擔任財政大臣時表現非常好，因此在之後成了新任的首相。然而這是一個大災難。工黨在下一屆選舉失利，跌至第三大黨，還輸掉了倫敦市長的選舉。布朗過去已經習慣於靜靜制定政策，突然間卻不得不在政治日常生活的紛擾中同時處理數以千計的事務，對此他不僅缺乏興致也沒有才能。這種災難性的升官是很常見的。

升官經常也限制了其他方面的事務。當你對工作投入更多時間、出差、週末必須工作；就減少了與另一半的性生活、友誼的維繫以及與家人的開心出遊。這是每個人必定會面臨的權衡，可以肯定的是：事業飛黃騰達可能會生活更美好，也可能讓生活變糟。這當中並沒有明確的關聯，只是想像而已。根據青少年調查[11]所列出的幸福必要條件列表中，「事業高升」以百分之八十二的佔比排名第一（順帶一提，「伴侶的忠誠」以百分之七十八排名第二）。如果所有人都認真這樣認為的話，那麼人類註定要面臨集體的不幸。

那些沒有參與評鑑中心與其他職涯選擇評估的人（也就是大多數的人）該怎麼辦呢？難道那些因為自身存在而感到羞愧與痛苦的人們，希望下輩子轉世可以當一個董事長嗎？

我們一定要記得「飛黃騰達」與「進步」是方法，而不是目標，否則會用盡全力卻仍一無所獲。尋求進步與飛黃騰達的正當理由成千上萬，有些人醉心於金錢與名聲；有些人是受巨大的自卑驅使，想要向某些人證明些什麼；有些人對於生產新商品有願景，想要達成一些事情而採取行動。

只要受驅使的人能意識到自己的動力，這些動力都是等值的。我們可以對自己提出這個問題：金錢和名聲到什麼程度才算足夠？要到哪種程度才算是向他人證明

11　二〇〇二年德國殼牌青年研究（Deutsche Shell Jugendstudie 2002）。

了我們所做的事？要是這些都完成了的話，還有什麼可做呢？這些願景能驅使一個人做到什麼程度？我們願意為這些犧牲什麼呢？

如果每個人都開始闡述自己的職涯抱負，也許就能成功讓人為了自身的意志放棄集體對於進步的追求；但是如果我們只為了自身利益而崇尚向上升遷的話，我們就會開始走下坡。

問題，或好奇的生活

如果我們對某些事情一無所知，就必須開口問。問題的微光會照進未知的幽冥之地，如果在那裡找到答案的話，就能將光亮帶進黑暗。當我們大聲地提出問題的時候，內心也會受到這些疑問驅使。如果這些疑問在主觀上是很重要的問題，那我們清明的理智會不斷尋找答案。

孩子們會提出非常多的問題，他們對一切感到好奇，想要探究所有的事物。然而這種無拘無束的求知欲以及提問的勇氣會隨著時間減少。信仰、恐懼或死心的感覺，都可能造成我們對各種問題卻步、對提問感到羞恥。因為我們會認為有些事情是早就該知道的，透過這些問題會顯現出尷尬的無知，除此之外，有些東西是**不會有人去問的**。

著名的控制論學者海因茨・馮・福爾斯特（Heinz von Foerster）曾在一次訪問中

說了一件童年軼事。當時他和父母在薩爾茨卡默古特（Salzkammergut）度假。「就快要下暴雨了。」他的父母說。「為什麼呀？」小海因茨很想知道原因。「因為燕子們都飛得很低呀。」當時他的父母這麼回答。「那為什麼燕子們都飛得這麼低呢？」小海因茨再問。「因為昆蟲們也都飛得很低。」他的父母這樣回答。「那為什麼暴雨快來的時候昆蟲們都會飛得很低呢？」小海因茨繼續問。這時「啪」的一聲，他被打了一巴掌。福爾斯特說，當時他突然意識到自己問了一個很基本的問題，他理解到：問很基本的問題會被搧耳光，所以只能自己去找出答案。

沒錯，就是這麼一回事：基本的問題會招來巴掌。孩童般的好奇心漸漸地被打消了，人們需要很大的動力與勇氣才能繼續提問。

因此，當我們不再提問，心中因為提問而發出的微小火光正在逐漸熄滅，習慣取代了對新事物的渴求，因為它更安全、干擾更少。尼采提出了他對於「短暫習慣」的喜悅，這讓人能夠了解很多事物和狀況，其中也包含了對於永久性的渴望，但是某一天它又結束、消失不見了。這種偶爾會被放棄的短暫習慣只會在我們不斷意識到它時才會出現，而且我們會一再地問自己：這是我想要的嗎？到底我為什麼要做這個？我還需要這個嗎？如果心靈沒有提出這樣的問題，就不會有短暫的習慣，只會有非常長久的習慣。我們會忘記可以放棄原本所選擇的事物，因為習慣已經深深烙印在我們的生活之中。

因此當我們處在一個關乎幸福生活、決定性的情況下，便會因為習慣、羞愧或是害怕而不提出問題。例如，同居生活剛開始的時候。

這是一個典型不會有人問的問題：你想要小孩嗎？如果在最初還在相互了解的脆弱時期馬上提出這個話題的話，會讓人大吃一驚吧？因此不會有人去問這個問題。這個讓人吃驚的問題也因此被推遲了兩三年，接著又拖延了好幾年。在共同生活了幾年之後卻發現，另一半寧願花錢買保時捷，也不願意把錢投入在小孩身上，自己卻是連嬰兒用品都已經買好了，沒有什麼事比這情況還戲劇化了。

你想要**擁有**還是**生存**？你想要擁有事物，還是想要足以使用它們？你想投入在擁有資產還是暫時性的娛樂？你可以忍受其他人花錢去昂貴的餐廳用餐，自己卻需要貸款來買房子嗎？或是反過來問：想要生存的人能夠忍受，把本來可以投資在生活娛樂上的錢，用來購買必須負債才能負擔的財產嗎？我們會因為一無所有而開心嗎？還是只會因為擁有了什麼而感到開心呢？我是如此，而其他人又是如何呢？我們兩者能和睦相處嗎？比起那些基礎問題，我更有興趣的是其他人。這些從長遠來看都很荒謬，但短時間來看卻是無害的。

沒有問題，也就沒有答案。每個因為無知而失敗的人都知道會因此踏入地雷區。如果能好好詢問生意夥伴或是另一半的生活態度、興趣與財務狀況、夢想與願景、生活現況與過去就好了。

問題是通往世界的大門，如果打開了這扇門去擴大世界的邊界，我們可能會暫時失去一點依靠，但會贏得更多的空間。為了獲得更多確切的事物與自由，進而有更好的機會過著幸福的生活，那麼因為好奇的提問而挨了幾個巴掌或許也就不是太大的代價了。

自由，或選擇的煩惱

首先，自由理所當然地意味著不受監禁。如果無法隨時隨地自由行動，還日日夜夜受到監控，是一件很可怕的事。早在西元前六世紀，希臘人在抵抗波斯人入侵的時候，便大聲疾呼要求「自由」。自古以來有許多人為了自由拋頭顱、灑熱血，因為沒了自由，生活會變得很難熬，人在囚禁與壓迫中，只能**妥協**。妥協只是一種可以容忍的生活，但肯定不幸福。

幸運的是，現在幾乎不再有必須妥協的不自由。不會有人一出生就不自由，也不會再無緣無故被關入監牢裡。如果今天談到自由，指的是機會與選擇的自由。現代的社會公民可以選擇自己的居住地、生活伴侶、職業，能夠在無數個電視頻道、不同度假地點、高低脂優格與各種生活方式之間做選擇。許多確定的開放性選擇確保了自由的感覺，如今自由就是選擇的自由。

但是要選擇什麼？這個問題只能由理性來回答。愚笨、盲目做決定的人只是理論上保有自由而已，不理性的人並不是在做選擇，而是在擲骰子。他們會受到刺激而有所反應，會被衝動和欲望控制，表面上像在做選擇，但只是像在進食與交配之間做決定的動物一樣，只是因為喜歡的東西剛好出現而已。理性才能夠開啟超然於本能的選擇性，從而使人運用使機會與選擇自由，唯有能夠做出明智選擇的人才能行使他的自由。

保留也屬於選擇的一種。理性有時候會犧牲一部分的自由來保護它，或者如同盧梭（Rousseau）所說：「自由即遵守自己所訂下的法律。」理性知道自由不可能毫不受限，自由有一個合理的限度。「想自己做決定的人會意識到，他不是絕對的自由。」齊克果如此寫道，「每個人的自由都會影響到其他人的自由，尤其是影響到其他人所認為的絕對的自由，這也是對他自己的自由的條件。」每個人都想要**絕對**自由，但如果這樣做的話，你可能很快就會離婚、被解僱或是被執法機關拘留。

自由是介於服從與不服從之間的平衡行為。我們會為了確保自己的自由而服從，有時候也會利用自由來拓展它們的極限。就像齊克果說過的那樣，「一個人必須選擇意志」、「自己去做選擇」，這意味著：「自己」選擇了責任。如果我們有選擇，那就必須為自己的決定負責，自由的人也可能因此變得有罪在身。如果某個人外遇，他事後可以有很多種說法和解釋，但只有一點不行，就是他事前不知情或別無選擇。因為那個人心知肚明還是這樣做了。如同帕斯卡所說，充滿激情是非常合理的，因此理性也陷入了其他選擇與價值觀之間的權衡，不得以做了選擇。

「被告當時別無選擇。」這種辯護策略尤其在刑事訴訟中並不受青睞。如果美國某所高中的學生屠殺了同學與老師們，嫌疑犯會被攤在陽光下：例如他常看暴力影片或是在家完全孤立，這名學生可能日夜都在網路上過著「第二個人生」。大家會試著去了解，並找出真正的罪魁禍首。

理性說：人類是自由的，而且要對自己的自由負責。辯方說：人類也可能身陷壓力與脅迫，以及各種相關不自由的情況之中。

外遇的女性會有多不自由呢？曾經嚴格執法且下達不人道指示的部長會有多不自由呢？為了籌錢而闖空門的癮君子會有多不自由呢？履行義務的士兵會有多不自由呢？那個去上學而且殺了人的學生會有多不自由呢？因為不自由所以就無罪嗎？

人類文化從本質上來說，意味著克服由欲望所驅動的決定論。人類都有欲望，但有能力不屈服，也可以評估自己行為的後果，對自己與自身的行為負責。因此被他人如糞土般對待，並不是待他人如糞土的理由。我在一生中認識許多有著非常不愉快青少年時期的人，有些人的個性變得多疑、固執己見，有些人則是充滿了生活動力與樂趣。所以我相信，還有有很多同樣在過著「第二個人生」，荒廢度日、觀看暴力影片的年輕人，但他們絕對不會去拿著武器犯下謀殺案。不同的人可以從類似的經驗得出完全不同的結論，這就是反抗自己的命運。這就是自由的核心，我們每天都可以決定自己要做什麼，決定自己是誰。

巨大的責任意味著巨大的負擔，因此很多人都不想行使自己的自由，並樂於放棄。他們不想知道自己可以做其他事情，而是假裝好像只能這樣做，他們還喜歡說「這就是我」以及「對此我無能為力」。如弗里德里希・謝林[12]指出的那樣，「每個為不公正的行為道歉的人都會說：『我就是這樣的人！』但其實他很清楚地知道，正是因為他的錯誤才變成這樣。」但是這樣方便得多，甚至還提供了很大的安慰與安全感。任何事都會順其自然進行，如果我們「什麼也做不了」，就保持原樣，不要去觸碰它。這會讓事情變得可以預測，也讓人感到愉快。要是沒有可預測性的決定

12 譯注：弗里德里希・謝林（Friedrich Schelling），一七七五至一八五四年。德國哲學家，他也是德國唯心主義發展中期的主要人物。

論，我們將會陷入無政府狀態，就像存在主義心理治療（Existentialistische Psychotherapie）創始人羅洛・梅（Rollo May）曾提到的那樣。但他同樣也知道：沒有自由，我們會變得冷漠。讓人驚訝的是，人類因為自己的冷漠而不需要自由所禁止的權威，人類自己會禁止它。以往人人為自由而戰，如今卻被自由的選擇壓得喘不過氣來，想要爭取自己的不自由。我們想要自由的到足球場踢球、到咖啡廳與朋友聚會，也想要隨心所欲選擇自己想看的電視節目，這些我們都已經能做到了。但是，除此之外我們裹足不前，因為我們感到恐懼，因為恐懼總是伴隨著自由。

自由會要求人們，也會壓得人們喘不過氣。人們會突然看到一切的的可能性，接著為了安全而閉上雙眼。那些看見自己自由的人，視線會往深谷裡望，然後感到頭暈目眩。這是怎麼回事呢？能產生一點勇氣然後行動嗎？還是嚇死了呢？

我有位受過良好人文教育而且具有修辭與文學天賦的熟人，他一直以來都想寫一部歷史長篇小說，但在他看過艾可（Umberto Eco）所寫的《玫瑰的名字》之後，就像他以前常說的：這已經不再是能夠想像的事了。我覺得，他只是面對他的選擇而暈眩，然後在它面前閉上了雙眼而已。他的論點本身是站不住腳的，因為要是這樣的話，那人們在聽過莫札特的音樂之後就沒有辦法做音樂了。幸好，布魯斯・史普林斯汀[13]在那之後還是嘗試做自己的音樂。如果根據已經被做過的事情來衡量自己的話，那我們什麼事都做不了。

當亞當受到誘惑吃了蘋果，因此打破禁令時，大概也非常害怕吧。但就是這個禁令「喚醒了亞當內心裡自由的選擇（……），因為有能力而產生恐懼。」（齊克果）不知怎麼地，每個「禁止進入」都成了一種進入的呼喊，彷彿是一場能夠獲得些什麼的冒險。

13 譯注：布魯斯．史普林斯汀（Bruce Springsteen），美國創作與搖滾歌手，被稱為工人皇帝，其歌詞具詩意和社會意識，因為其歌詞經常描述美國藍領階級的困境和奮鬥。一九八八年曾在仍處於共產鐵幕下的東柏林演出，吸引了近三十萬東德人民。

金錢，或買得到的快樂

金錢是否帶來快樂？很多人對於這個問題一定都會先回答「是」。試想一下，在現代社會不靠金錢過一週的生活會是什麼狀況？基本需求如居住與飲食可以只藉由金錢來滿足，若不是單靠金錢就能解決的話，我們也不會花那多時間思考什麼是「幸福生活」了。社會心理學家馬斯洛（Abraham Maslow）把人類的需求歸納成金塔型，並解釋人類逐層攀上金字塔的過程，唯有底層的需求被滿足之後，才會往更高一階的層次前進。連食物都沒得吃的話（最底層需求），就絕對不會想到自我超越（最高層次需求）。除此之外就是社會救濟了，公共意義上的幸福就是存在相關的慈善機構，而個人的幸福則有所不同。

每個人都像座落在卡納維爾角發射台上的太空梭一樣，倘若燃料箱沒有填滿足夠的金錢，就無法升空、進入常規的社會，而社會之中有一個最低門檻，如果沒有達成的話就只能停留在地面上。人只有在能夠靠自己的力量，能夠負擔日常的起居和飲食的時候，才算得上在生活。但這並不是我們說的幸福生活，這只是像我們在玩德國十字遊戲[14]時，骰子擲出了一個六點，破冰得以進入遊戲一樣。人就是這樣存在了，僅此而已。

大多數住在歐洲的人差不多都出生在富裕之中，並在出生時就已經滿足了金字塔最底層的生理需求。對他們而言，自出生那刻就已經擲出一個六點，得以進入遊戲中。但生活還是得自己照料，因為即便出生在富裕之中，也不等於出生在「幸福」之中。充實的性生活、友誼、認可等等，都必須要透過個人的努力來完成。

現今的人們認為富裕就是幸福，這簡直太荒謬了。

無論我們擁有多少錢——不論是負擔得起最低金額的單次入場券，還是無限次進場的高額入場券——總會發生一樣的情況：我們只能在十字遊戲場上放置自己的棋子，也無法透過購買的方式來增加棋子，那些負擔最低票價的人和可負擔好幾百

14 譯注：德國十字遊戲（Mensch-ärgere-dich-nicht）是德國流行的四人棋盤遊戲。每位玩家擁有四個棋子，輪流進行遊戲，輪到自己的時候進行一次擲骰來決定移動次數。骰出一至五移動相對應的步數，移動的過程中，若遇到其他玩家的棋子則可將其推倒，被推倒的旗子必須重新回到角落。當玩家骰到六時，才能復活一個棋子，並且玩家得再骰一次，骰出六的時候才可重新開始。最先將四個棋子走入與棋子相同顏色的格子者就是贏家。

萬入場券的億萬富翁所處的情況是一樣的。我們都只是人類，也都只能帶一個棋子入場，因此入場費始終是一樣的，其他一切不再是錢的問題，而是關乎於個人生活的藝術。

「身上有很多錢就是幸福」的錯誤想法，是技術官僚主義與非常美式主義的想法。因為沒有衡量幸福的標準，所以選擇金錢作為幸福的計量單位，金額越大越感到幸福。然而，生活中顯示多數錢夠用的人或少數的有錢人都認為，友誼、愛情和思想用錢都買不到。幸福的生活不是合乎市價就能購得的有價商品，也不是數量所產生的結果，擁有八個朋友的生活快樂程度，不會比擁有四個朋友的生活加倍快樂。

這也對應了本書開頭所提出的問題：為什麼我們明明過得很好卻不快樂？「富裕」與「幸福」之間並沒有關聯，兩者之間的關係是由於語言上的誤解所導致，這個誤解是因為「過得好」有很多種解讀的方式。如果某個人說他過得很好，可以有兩種層面：心靈上以及物質上的。僅僅因為語言上使用的是相同的詞彙，但實際所指的不是相同的意義。我們（心靈上）過得不好與我們（物質上）過得很好，或是相反，都不相衝突。

當然，釐清到底多少錢才能產生快樂，是一件很有趣的事，而且市場調查確實也已經找出了答案。要多少錢才能滿足金字塔最低階的需求，必須視房租與伙食費而定。除此之外，還需要一小筆的金額來滿足個人自由的需求，因為金錢是衡量自由的標準。如果不必考慮是否負擔得起一趟計程車車資或一瓶紅酒；偶爾一時興起，能夠請朋友們吃飯的話，那我們就是自由的。至目前為止，幸福是需要錢來得到的。然而，研究顯示金錢的「幸福功能」區間落在年淨收入約一萬六千歐元之內。當年淨收入低於一萬六千歐元的時候，「富裕」與「滿足感」兩者之間仍有所關聯；當年淨收入高於一萬六千歐元之後，兩者便無關。統計上的滿意度並不會因為更高的金額而增加。試想一下：每年一萬六千歐元的淨收入！這並不多。每一分歐元的收入只會增加富裕程度而已，但不會提高滿足感。這正是馬斯洛的需求金字塔所傳達的訊息：你必須確保基本生計。如果你追求的是幸福生活，那你可以停止往賺更多錢的方向努力了，這是在錯誤的基礎上蓋房子。

你可以將本書的內容視為需求金字塔最高層次中的奢侈品，這對於身為讀者的你而言說明了一些事情：若你讀到這裡，表示你一定經濟無虞。你過得很富足，而且生活在基本上還令人滿意的環境中，否則你的煩惱可能和這些討論美好生活的內容不一樣。「餓肚子的人是不會對宇宙感到絕望的。」就像喬治・歐威爾（George

Orwell）說的那樣，會對宇宙感到絕望的人，生活已經過得很不錯了。

你可以用錢來支付生活的基本開銷，也不要忘記它能讓你確保自己的自由不受侵害。可惜的是，用錢買不到幸福，但是偶爾可以買到自由（這裡指的自由不是前述的日常生活自由）。如果你的生命安全受到威脅，有錢會比沒錢更有機會度過這個危機，因為你可以計畫逃亡、以法律行動來維護自由或是賄賂有權勢的人；沒有錢的話這些事就沒辦法做到。貧窮的人不自由，在這世上所有監獄中坐牢的多半是貧窮的人，因此一定程度的財富就像擁有一張出獄卡。但請不要為了這種不太可能發生的情況過分累積錢財，否則你很快就會被金錢束縛、成為財物的奴隸，因而變得更加不自由。總有一天，人們對於自己的財產會只剩下害怕失去它們的恐懼。

健康，或養生

眾所周知，大部分的人在年輕時都不太重視健康，因為健康彷彿是理所當然的事情。順帶一提，這適用於所有不言而喻的事物上。如果太陽不斷地照射，會讓人感到厭煩。但是，許多不是生活在陽光照射區域的人們會為此到這種「普通」的陽光下度假；相反地，長期照射陽光的人會前往可以體驗下雨以及雪的區域旅行。我們眼裡只會看見未知的事物，並且在迷失的時刻強烈地體驗到最美麗的事物。

我們可以到處度假，但無法在健康中旅行。我們擁有健康，卻察覺不到它。叔本華說：「我們感覺得到疼痛，但感覺不到無痛。」這是件致命的事情，因為這是無感的幸福狀態，所以我們完全體會不到健康對於幸福生活的意義，我們毫無感覺。「什麼也沒有」就是一切，完全超出健康的人有過的經驗。伊比鳩魯認為，最大的喜悅就是沒有苦痛，但是感覺不到疼痛的人完全無法理解。如果沒有了樂事，我們絕對會想念它；但我們不會想念疼痛，即便它停止了很長一段時間。如果我們看了一部殘忍的電影，或是在晚間新聞中看到其他人的痛苦時，偶爾會在預期中感覺到疼痛；如果我們看到拳頭往臉上打的畫面，會嚇一跳，因為知道被拳頭打到會有什麼後果。人類腦中神奇的鏡像神經元會把感受與意象聯想在一起，因此身體幾乎可以感受到螢幕上所發生的事情。另外，在觀看愛情或是性愛的畫面時也會有相同的現象，鏡像神經元也會進行它們的工作，並完全描繪出觀者身體感受的代表的應，這種反應代表了這類電影的成功。

直到失去健康時，我們才會察覺到它的存在，然後突然了解到它的意義。失去健康會把最幸福的人從馬斯洛需求金字塔的頂端踢至最底層，前一刻還專注於精神層面的需求，下一秒就因為一份診斷、一場意外或是一次魯莽，變得只在乎最基本、最純粹的生存問題。因為我們經歷了身體上的疼痛或死亡的可能，所以開啟了另一種存在的狀態，只能說：請好好對待身體。

不過偶爾的疼痛經驗也有好處。為了避免未來的疼痛，可以藉由預防性的措施來確保自己身體的安康。因為這是幸福生活的重要基礎，不能輕率地置它於危險之中。

「面對威脅自己的拳頭仍不動聲色，即使是智者也無法做到。」蒙田[15]如此寫道，「當他站在深淵的邊緣，什麼事也做不了，只能像個孩子般顫抖。」疼痛會讓每個人感到害怕，最聰明的人也無法倖免，因此冒險失去健康絕對不是明智之舉。這種冒險是由英雄氣慨、驕傲、責任感或純粹對環境的無知等動機所導致的，畢竟連最聰明的人也沒有能力完全避免一定程度不健康的動機與傾向，他只是懂得節制而已。不過，今日高度專業化的醫學修復方式似乎有些自相矛盾，因為依賴於醫學，我們活得更輕率也更不健康。延長的預期壽命意味著延長了疾病與死亡的時間區間，這或許是現代醫學的一次慘勝。

像史蒂芬・霍金（Stephen Hawking）這樣的身心障礙人士，雖然患有常人難以置信的殘疾，但仍然體會到生命的意義與歡快，這樣的啟發和對健康的讚頌連結在一起了。這是非常正確的事，因為這表示我們可以而且應該從所有事物中獲得意義。生命值得繼續延續下去，那些能夠從身體上的限制體會到生命意義與美好的人，對幸福生活的真諦有著深刻的了解。

15 譯注：蒙田（Michel de Montaigne），一五三三至一五九二年。法國哲學家，以《隨筆集》留名後世。

然而，輕率與傲慢地對待健康身體恰好是相反的狀況。譬如碰運氣的孤注一擲，或是會奪走生命的一次嘗試，有勇氣的人通常也是最先死掉的。或許這在某種偉大的意義上也是一種幸福生活，因為魯莽喪命而成了一塊在冰川旁警告其他人的紀念告示牌。

幽默，或無所謂的人生

我們對於某些事物會覺得不好笑，這到底是為什麼呢？在我看來，幽默的潛能隱藏在人類存在的所有領域當中，提高這種潛能也可以提升人們生活的水平。幽默會讓事情變得圓滑、讓人感覺不受拘束，如果你覺得某件事情很好笑，那你就已經開始面對它並且應對它了。笑聲會產生距離以及輕鬆的感覺，它把被嘲笑的事實提升到另一個高度，以一個新的視角來看待它。幽默只不過是以一種有別以往的眼光來看待一件眾所皆知的事情，越是有名或老套的事情，幽默就越能發揮作用。因此，幽默是一種冷靜的武器：「等一下啦，別走那麼快。我們再從這邊或是那邊看看這個吧！」即使當下對某個人來說是很嚴肅的情況，但以這種新的視角來看可能會出乎意料的很滑稽。能在苦澀的嚴肅當中看到滑稽事物的人，對於過著美好的生活也具備一定程度的天份。

尤其在艱困的狀態下，不那麼嚴肅反而能幫助人們去承受生活。猶太人的笑話裡常有一些情感上很可怕的主題，這類型的笑話經常作為反抗壓迫者以及不公正的武器，在監獄中以及受壓迫的時期蓬勃發展。例如下列一則共產主義統治時期的笑話：「一個女人帶著空空如也的購物袋站在家門前，突然搞不清楚自己是想要去購物，還是剛買完東西回來。」如此一來，至少人們可以從悲傷、幽默的那一面得到歡樂，並且維護他們的自我。笑具有一種很強的團結效果，當大家一起笑的時候可以將大家團結在一起。此外，幽默還具有性的面向，如果無法一起笑的話，就沒辦法開始一段合適的伴侶關係，錯過彼此的笑點意味著沒有互相了解，因此沒辦法用同一個角度看事物，永遠無法感同身受。

沒有什麼比能夠揭露虛假事物的幽默更有力了。空洞的悲愴像可以識破詭計的幽默家一樣，沒什麼好擔心受怕的。更沒有什麼能像有趣的譏諷一樣，能快速地讓膨脹誇大的事物洩氣。如康拉德．羅倫茲[16]所說，笑完全是一種本能的行為，然而它從來不會因此不受到批評。幽默會借助人類的理性，而幽默的開啟機制是可以透

16 譯注：康拉德．羅倫茲（Konrad Lorenz），一九〇三至一九八九年。奧地利動物心理學家，經典比較行為研究的代表人物。一九七三年獲得諾貝爾生理學或醫學獎。

過理性來控制的。

如果幽默沒有包含理性的話，那它既幼稚也不成熟，這樣的幽默就不會成功發揮作用。有些人會利用這種輕微的玩笑來掩飾自己的不安全感，這樣就不必面對。但幼稚不成熟的裝傻是單調無聊的面具，相反地，幽默則是具有自信的武器。

不過，當幽默針對弱者並參雜了攻擊性的話，就會變得非常殘酷，例如有人被嘲笑的時候。倘若某個人明明是局外人，卻有人嘲諷他。這時幽默只是一張遮掩利刃的面具，這種具攻擊性的幽默會讓別人受傷，只是以一種自認好笑的笑話來掩蓋這個事實而已。「這只是在開玩笑而已啊！」開了這種玩笑的人會對受到他傷害正哭泣的受害人如此大喊，並沾沾自喜。不，雖然這是看起來只像個玩笑，卻是很純粹的暴力。幽默也有缺點，因為它就像人類的財產一樣可能會被濫用。

在正確的使用下，幽默也能純粹地帶來好心情。你可以很快樂，而且面帶微笑地迎接一天的到來。那把一直找不到的鑰匙、一件小小的不幸、對上司失言，你可以對這些事情感到非常地憤怒、懲罰自己，或只是幽默自嘲讓自己與自我和平相處。奧多・馬誇德[17]認為：「某方面上可以這麼說，幽默就是一種調和的形式。」

如果有人沒辦法對某件事情開玩笑，那表示那個人身陷其中，而且不自由。幸福的生活大多止於歡樂。盧・里德[18]曾將他與一位末期病患的朋友的遭遇寫在一首歌當中，他在臨終病床旁邊對那位朋友說：「我覺得現在不是進行長期投資的時候。」沒錯，我們也可以開死亡、上帝、災難的玩笑，這意味著我們接受自己的命運並與其和平共處。若下次你突然意識到自己過於嚴肅地看待某件事，那你應該要對它開點玩笑，解放它。幽默的確是一種無與倫比的生活管理策略。

17 譯注：奧多・馬誇德（Odo Marquard），一九二八至二〇一五年。德國哲學家，曾任德國哲學協會主席，被認為屬於里特學派（Ritter-Schule），但同時受社會批判理論的影響。在學術著作方面專攻德意志觀念論的自然哲學和歷史哲學。

18 譯注：盧・里德（Lou Reed），一九六五至二〇一三年。美國搖滾樂歌手與吉他手，曾為地下絲絨樂團成員。

不幸，或人生本來就苦

必須過上幸福的生活，是普世的價值。不論以任何形式付出，也可能會受苦受難、得不償失。但要是不必付出也不必受苦，那也不見得是件好事。也就是說，真正美好的事物必須付出代價才能獲得。想當然爾，過得很快樂的可憐野豬並無法理解這種——能夠抱怨的了不起感受。這也就是為什麼，過得好的人往往在防守，而過得不好的人總是在進攻；懶惰的人沈默不語，被壓力壓得喘不過氣的人會放聲大叫。

確保自己的受苦遭遇也是屬於良好對話禮節的一部份。如果某個人大聲地以「我過得很精彩」來回答「你過得怎麼樣？」這個出於禮貌而問的問題，然後被辛勤工作的群體瞧不起的話，也不用感到太驚訝。因為在沒辦法給予自己任何東西的群體之中，幸福安康是很令人反感的。

賽局理論學者會說，我們都處於一場情境設定偏好為所有玩家都會輸的遊戲中。沮喪氣餒也屬於成功劇目裡的一部分，只是每個人的程度不同，而且它創造出一種抑鬱的快樂形式。

受苦受難像是一種通用貨幣，藉此得以購買跨越所有社會階層的團結。和往常一樣，如果大家都點頭表示同意的話，大家就會懷疑這是不是一種最深層的意見一致。

在文化方面，痛苦一點也不陌生，它源自於基督教與天主教宣揚同情的傳統。同情實際上是一種人性關懷的正向形式，只是人們漸漸地只認同一種看法，就是任何健康、歡樂的事物（也就是說不需要任何同情的事物）都在道德層面上被質疑。如今人們根本不敢心情愉快，好像只有痛苦才是道德無瑕的。痛苦與同情是密不可分的美德，其中一個是受苦，而另外一個則是一同受苦。這是一場交易，無法一同參與，並且希望以自身的幸福作為正向的對立面來抵抗世界不幸的人，必須小心謹慎，因為他必須承受道德方面的壓力。

毋庸置疑的是，痛苦有它好的地方。藝術源自於痛苦，痛苦可以說是愛欲的燃木。「褻瀆聖靈的罪：徒勞無益地受苦。」安東．維爾德甘斯[19]的詩是這個意思。純粹只有抱怨，完全沒有從中有所作為的話，會是巨大的不幸。所以，帶著苦難社會的偉大作品來吧！所有的壓力與倦怠崩潰，不過是自憐而已——難道因此所剩下的就只是褻瀆聖靈的罪過嗎？

脫離痛苦意味著克服痛苦。然而，並非個人都被賦予這種力量，因此有一些抱怨往往帶有聽天由命的無感與嫉妒欣羨。那些受苦且無能為力的人，會轉而仇視那些過得很好的人，他人的幸福生活被認為是冒犯和不公平。我們會認為擁有幸福是法律上應得的權利，而且想要以坐在轎子上被他人抬起的舒適方式得到幸福，這種非常舒適、消極的心理狀態是煽動民心與政治煽動者的溫床。這些人會強化嫉妒者的嫉妒之心與無作為，因為透過這種方式他們才得以壯大自己。不好的人們會喚醒我們內心中不好的東西，讓我們將罪惡、苦痛推給代罪羔羊，我們往往能從這些方面辨認出不好的人。但我們真的認為，透過不好的想法能達到幸福生活嗎？

他人的幸福生活也可以正向地解讀，可能會是種鼓勵或是鞭策。如果想要前往

19 譯注：安東．維爾德甘斯（Anton Wildgans），一八八一至一九三二年。奧地利詩人和劇作家，曾獲得四次諾貝爾文學獎提名。

任何地方，首先就必須移動。也就是說，你必須放棄苦難社會的團結，承擔自己的責任。因為想要離開存在（Dasein）這片沼澤，就必須停止用不間斷的抱怨灌溉它。

愛，或燃燒的生命

愛是一場心臟手術。沒有任何東西像愛，治癒我們的同時也撼動著我們。「愛是最受推崇的經歷。」就像西班牙哲學家奧特嘉（Ortegay Gasset）所說，「每個時代的詩人都會以修飾的詞藻來點綴愛情，並授予愛情一個特別抽象的現實。」今日，生活雜誌上的性愛指南與愛情文藝專欄取代了詩人的工作。無論如何，愛是無法避免的。

愛之於幸福生活是絕對的必要，卻超出我們所能掌控的範圍。這就是你身為孩童時所經歷到的愛。

幼兒時期的印象決定了往後的人生。在人生首要三年所接收或拒絕的觀念，在往後八十年幾乎擺脫不掉。人的一生都受最初幾年所影響，在極度無助的狀態下，身心靈會像乾淨的海綿一樣吸收所有的訊息，如果只用小塊海綿來擦拭灰塵，那之後就很難再清除髒汙了。

親子專家和性愛專家一樣，數量之多而且無所不在。以幸福的觀點來看，他們所要傳達訊息只有一個，就是愛！小孩子除了愛之外不需要其他東西，幼兒時期被愛與被保護的天堂般的感受，是形成存在很重要的先決條件。我深信，不論生活過得怎樣，擁有幸福童年的人多半也都擁有幸福的人生。小時候確實受到疼愛的人，也能夠疼愛自己，並且將愛與世界分享。

請你相信幼兒心理學家與小兒科醫生們所說的：健全的孩子會按部就班地學習走路、說話、吃、叫「媽媽」與「爸爸」，這不值得（對孩子）過度積極。

讓人吃驚的是，長期對我們的幸福生活做決定的正是其他人。父母、老師，都是幼兒時期的相關人物！如今，我們作為成年人，當然還能再做些什麼，但會比期望的有限。因為在幼兒時期，其他人就已經對我們正在進行中的計畫做了基本設定，而用來設定一切事物的扳手就是愛，或是對愛的缺乏。

所以如果你過得很好，而且有著不錯的童年回憶，現在就馬上打通電話給你的父母並感謝他們吧！你會過得這麼好並不是理所當然的。

這種普遍被認為理所當然的愛的無私，最常在父母與孩子之間的愛裡面看到。

不要求回報的愛是最偉大的經歷，不是「我愛你，**因為……**」，純粹只是「我愛你」。沒有理由，因為它不需要任何理由。

相反地，性方面的愛，也就是成人的愛，總是有理由的。但我並不想說這是愛的瑕疵，不如說這是它的本質。成年人不會無緣無故地去愛，或是至少被認為不可能會是無緣無故的。我們也正是因此而**成長**，每個人都想從其他人身上知道，**為什麼**他會愛上一個人。我們會察覺到這一定是有原因的。在我的一部關於愛欲的舞台劇作品中，有這麼一段對各位來說會覺得很熟悉的對話：

瑪莉亞：你為什麼愛我？

他：瑪莉亞，親愛的，我愛妳，因為……因為妳有美麗又豐滿的屁股。

瑪莉亞：還有呢？

他：因為妳有細嫩的皮膚。

瑪莉亞：還有呢？

他：因為妳是隻兔子。

瑪莉亞：（漸怒）一隻兔子？

他：（肯定的語氣，非常專注地抱著瑪莉亞並脫去她的衣服）一隻兔子，多美的兔子啊。

瑪莉亞：（認真的口吻）一隻皮膚柔嫩，有著大屁股的兔子。這是你愛的。

他：對，這是我所愛的。但為什麼說是「大屁股」？我可沒提到任何關於大這個字。

瑪莉亞：是一隻什麼樣的兔子？

他：和妳一樣的。

瑪莉亞：所以如果我的屁股比較小，你就不愛我了嗎？

他：沒有，絕對沒那回事。

瑪莉亞：你是認真的嗎！

他：我的老天、瑪莉亞、兔子，即使妳的屁股很小，我當然還是愛你的啊！即便它和豌豆一樣小。

瑪莉亞：所以不管我的屁股是大是小，對你來說都不是重點囉？

躲不了了！沒有任何答案可以回答這個問題，因為實際上沒有人想聽到真相。

不管答案是大胸部、很有錢……，或是更細微的：你的笑容、你的善感……，或是老實說：不知道！每個作為理由的細節都太微不足道了。

愛在萌發之初總有原因。然而，這個原因還不是愛，只是一種使某個人從人群中凸顯出來的魅力而已。這種魅力會讓人比起關照其他人，更近一步去關照他。如果在這個魅力的周圍還能找到其他有益的拼圖缺片的話，那一切就可以拼合成所謂的「愛」了。它在初始就有其原因，而最終以諸多事物的組合形成愛。就像兩個相互咬合的齒輪一樣，很簡單地就一**拍即合**，但是這個過程很難理解也很難解釋。最好還是聽從齊克果的名言：「為什麼」越少，愛就越多。

一開始愛情總是有原因的。對這個原因的認識還不是愛。只是一種刺激，使你可以非常愛某一個人，然而如果那個人展現出與自己不相符的世界觀，例如：種族主義、揮霍無度等等性格特質，那這個愛就會馬上消逝。因此，愛絕對不是如黑格爾（Hegel）所言，一種「我們無法掌握的奇蹟」[20]。既然有產生愛情的的原因，同樣也有讓愛情結束的原因。也就是說，我們可以**選擇**愛情或是反對愛情，愛情充其

20 譯注：語出 Hegel, 'Entwürfe über Religion und Liebe'。

量是一種意志的行為，不是神蹟。

否則，愛對石器時代的人而言就像火一樣。石器時代的人不知道如何升火也不知道如何用火，只能用枯枝把火偷走，然後把它帶回家裡。在家裡，火能帶來溫暖、將食物煮熟。然後下了一場傾盆大雨，就像火以奇蹟和上天安排的方式出現一樣，火再度從人類身邊被奪走。石器時代的人只能無助地等待，等待某個時刻閃電落下然後燃起熊熊火焰。

這種不可思議的奇蹟觀點是浪漫主義時代的想法（歌德的《少年維特的煩惱》、黑格爾的哲學等等），而這種觀點至今仍然很普遍。愛必須是無條件的，也屬於這種想法的其中一部份。我們對此都咬緊了牙關。如今，愛情在本質上是一個戰場，因為我們對它有著誇大的想像。

因此許多人反其道而行，避免陷入愛情、不參與愛情，因為他們覺得愛情太麻煩了。他們以性愛與同居關係作為時間的排遣，然而如果事情變「嚴重」和「困難」的話，他們就會轉身離去。這是享樂主義的方法，充分利用「愛情」，卻不需要對愛情投入任何東西。這會讓人變得孤單。

在浪漫奇蹟信念的地雷與冷漠享樂主義的算計之間，存在著一個墊腳石，我們可以站在那顆墊腳石上緩慢、深思熟慮地謹慎前進：愛情是一項付諸行動的作為。

「在結婚十年後仍然會說『我愛我老公』的婦人大概不會宣稱，自己在莫名其妙的神秘狀態下度過了十年。在十年婚姻中，她洗過了太多的襪子、為她的孩子把牛肉湯端到病榻旁，以及對始終沒有修理的洗碗機感到惱怒。她知道，愛情是付諸行動的作為，而且愛情是由微小的成分所組成的，譬如關懷、共同點或是對話。因為她身上有一道可以被神仙教母再度除去的魔法，所以她不愛；因為她自己本身就是那個神仙教母，可以無視所有日常中的千辛萬苦，所以她愛。」（寇伊瑟／舒拉克）

要意識到自己就是那個神仙教母，就需要希望、自信以及愛自己。關於愛的真相其實就是：愛與其他人無關！

節制，或被約束的生活

「如果一個人過度放縱的話，那就需要節制。」這段話出自於我的放鬆音樂清單中的一首歌，而且這段話也與所有伊比鳩魯學派的學說有著相似之處。沒錯，就是那位掌握欲望的欲望大師——伊比鳩魯。他以勸告的方式談論了個人的尺度，並記錄了每個人都知道，但必須透過痛苦的經歷才能領會的事：欲望不是無止盡擴增的現象。如果延長一段美麗的時刻或是讓美麗的事物加倍，我們並不會感受到時間的延展，也不會對美好的事物感到雙倍的喜悅。喝一杯上好的葡萄酒，是多麼棒的樂趣啊！即便喝了第二杯，還是覺得好喝。再點第三杯，但第三杯葡萄酒並不會提供三倍的樂趣。沒錯，第三次所體會到的樂趣甚至不如喝第一杯葡萄酒時所產生的美好，更有可能出現的是頭痛與噁心不適。所有樂趣都有如此的情況。

每種樂趣都有極限，一旦超過了極限，不僅樂趣不會再提升，還會適得其反。

我們必須知道，世上所有的事物在什麼程度就已經足夠；如果不了解這一點的話，便是對樂趣一無所知。能夠清楚理解欲望的極限要素，就可以充分地利用它。真正的伊比鳩魯學派的人士，能夠清楚知道自己的極限、探索極限，並且定義極限。

「必須要有很多種不同形式的禁食；而且凡是強烈欲望與習慣風行之處，立法者必須要想辦法置閏，在閏日時，欲望才得以受到束縛，並再次學習如何挨餓。」尼采如此寫道。

沒錯，這些閏日的存在是有必要的。然而我們不需要遵循本書第二部所提及的立法者所制定的法條，因為這些人不知道每個不同個體的個人習慣與極限。畢竟，對某些人而言的足夠，對其他人來說才正要開始而已。有些人在喝完一瓶以上的葡萄酒後，仍然能保持清晰的思緒，說出上下連貫的語句；而其他人可能在喝完一瓶葡萄酒之後，無法做到上述的事情。因此我們可以理解的是，一般大眾無法充分明白這些差異，所以制定了一個平均而言合理的規範。對歐洲各國的汽車駕駛而言，這種平均的合理規範介於千分之零點零（如匈牙利）與千分之零點八（如英國與馬爾他）之間。但這個一般限制與和個人的衡量標準無關。

節制的進義詞是耐心。毫無節制的人在某種程度上也經常感到不耐煩，這種人不喜歡等待。他越需要的東西，反而越不想花太多時間等，因此用藥劑量增加、餐間間隔會縮短。漫無節制經常會伴隨著不耐煩一起出現。

每個商人都知道這樣的行為在商業上是很致命的。如果商人沒有生產特定產品所需要的原料，那他就**不得不**用買的，而且**必須**以那個價格購買。商人沒辦法等待，也沒有機會討價還價。**不得不**是要價不菲的。遇到麻煩情況的時候，就不得不妥協接受在別的情況下絕對不會接受的品質。只準備夏季衣物就前往預報說天氣會很好的旅遊地點的人，對此特別能夠感同身受。因為突然間出現的雷雨鋒面，他不得不買雙穩固的鞋子與幾件保暖的衣物，在這種緊急情況下，很難立即買到需要的東西。更重要的是，這些的東西家裡都有，他只是忘記帶而已。現在購入的東西都是不必要的開銷，就如以往在壓力之下所買的東西一樣。

人終其一生會不斷消費，這會導致馬上就能得到的商品的價值，被訂得比之後才用得到的商品還高。經濟就是根據這個原則在運作的。我們能夠快速得到、高需求性的東西，往往都非常昂貴；如果我們能夠等待的話，那它會更便宜；又如果我們什麼都不需要的話，有時候甚至會有人送這些東西給我們。價錢經常視需求者的耐心而定。我們可以等待鞋子降價促銷，又或者我們一定非要現在買它不可嗎？商人常常會說：「這款鞋子絕對不會特價！」他們以這樣的方式讓消費者的壓力增加。買不到的恐懼開始萌發，就成了物品會變貴的時刻！

對於自身節制的理解和令人悶悶不樂的禁欲主義毫無關係，不如說這樣的理解比較偏向提高欲望的節制。但是要如何進入這種平衡的狀態呢？要如何找到自己的極限呢？

就是藉由超過定量的方式！只有水溢出玻璃杯的時候，才能清楚看出這個玻璃杯真正可以容納多少的水量。因此，我們有時候必須要融入情境與狀態，以便探索他們。對於自身節制的認識是一種跨越界限的方式，也是一種隱性的不道德行為，我們就像是為了找出禁止進入的原因，以顫抖的雙手打開一扇寫著「禁止進入」的門。這和欠缺考慮的衝動行為之間的差異在於，我們時時注意著逃生的出口。

因此，節制與過量是息息相關的。一個人能藉由謹慎地了解自己的欲望，找到欲望的極限並且尊重它。如果超越了極限，就會感到不快樂；如果維持在極限以內的話，就能得到最大限度的愉快。

對於教條式的禁欲主義者或充滿恐懼的人們而言，正是找出個人極限的這點非常困難的。他們無法踏上探索自己的道路，而且會發自內心地處處限制自己，直到這種緊綁的束縛達到極值而爆裂，在內心滿溢出來然後連帶影響到無辜的人。在這最糟糕的時刻中，只具有道德但不容許任何個人標準的團體，就是他們能夠肆無忌憚地過度放縱的避難所。這就是這一章節安排作為下一章過度的原因。

宗教，或迷信

「沒有宗教信仰的社會是不存在的。」柏格森[21]如此寫道。光是這種情況，就會引起那些為自身幸福生活奮鬥的人的好奇心。如果某件事物受到如此頻繁的詢問，而且存在這麼長的時間，那就表示它在人類的生活中扮演很重要的角色。宗教確實可以是墊腳石，也可以是地雷，儘管這個詞彙因為出於宗教動機的自殺炸彈客的關係，有些令人害怕的聯想。

宗教很自豪是道德的來源，也就是提供道德共存的基礎。事實上，所有宗教信仰中的規範形式都很相似：禁止殺生、戒律、尊敬老弱者，以及互相扶持。但我和叔本華一樣，認為宗教只是採納人類普遍而且完全自然的規範，然後融入他們各自

21　譯注：柏格森（Henri Bergson），一八五九至一九四一年。法國哲學家，曾獲得諾貝爾文學獎。

的傳說故事。證據就是，無神論者和有宗教信仰的人接受了相同的道德規範。也就是說，不需要為了變「好」而信教，因為人類就本質上來說就具有社會性與道德。宗教信仰的價值就是成為道德的有效載體、媒介，利用強大的推力，將道德的訊息傳遞給人們。

可惜的是，這種傳遞的力量受到一個可悲事實所阻礙——就是不受拘束的宗教信仰會破壞自己本身的道德，一旦掙脫了這種束縛，就會遺失所有的禮節與規矩。實際上，宗教並沒有因為人道主義而贏得讚賞。歐洲中世紀曾是天主教災難性考驗的時期，伊斯蘭基本教義派在今日仍以相似的、令人厭惡的形式在其信徒之間產生影響。其他宗教信仰的信徒表現亦是如此，就像當年的天主教藉著十字軍東征，不倦怠地散播死亡與破壞。虔誠的信徒可能是潛在的殺人犯，因此是本書主題的相對類型。顯然地，以上帝的名義——或是更籠統一點說：以絕對真理的名義，更容易犧牲自己。

這再次顯示，走向極端的道路與原先的期望相反。運動是健康的，但是極限運動和不運動一樣都是不健康的。這類明顯自相矛盾的事充斥在生活之中，過度會物極必反，所以純粹的**上帝之城**必定會是人間煉獄。人們必須在所有事情上，尤其是宗教方面，恪守節制的原則。

一位我熟識的女性是時裝店的女店員，她工作的那間店經常會有富有的阿拉伯女性前去光顧。有天，一位蒙著面紗的女士在更衣室裡更衣，露出了她的面容。「噢，多美麗的頭髮啊！」這位女銷售員這樣說道，「為什麼要把這頭秀髮隱藏起來呢？」這位半裸的阿拉伯女性抬起頭來，並說：「您也會願意為您的上帝做任何事情的。」女店員愣了一下，然後充滿自信地反駁說：「我更寧願為全人類做任何事。」

這個小事件闡明了宗教信仰的辯證。宗教信仰的存在是為了能馬上幫助我們，抑或我們之所以存在是為了要服務神呢？今天如果有人會「為了他的神做任何事情」，會讓人感到害怕。神跟這位女士說過祂想要什麼了嗎？更有可能的是，是有人要她這樣做的，也就是說神的話語經過很多街角才傳達到這位女士那裡。我們大致可以猜到，那個傳遞神的話語的人還摻雜了自己的欲望、價值觀以及渴望在其中——這一切完全是無意識的，而且沒有任何邪惡的意圖，這就只是人與人之間的對話而已。因此，使用這種「神的話語」應該要時時刻刻小心謹慎。

宗教與智力的發展是同時出現的，在一個人認識自我的範圍內，會認識到他所不知道的一切。知識會激發去了解那些人們未知事物的渴望，這就是智力的結果與信仰的潛在可能。

過去，所有的愚昧都被放入一個**黑盒子**裡，這是人們置放所有無法歸類的一切的地方，一個無法確定事物的臨時收容所。當然在幾千年前有許多這類的黑盒子，上帝必須對此負起全責：舉凡太陽升起、豐收、打獵順利，諸如此類的事情。人們把任何東西都丟入這個上帝的盒子，就像所有東西都能丟進垃圾桶一樣。如果有什麼事情無法解釋清楚的話，那它就是神聖的。然而，人類的知識發展迅速，對於上帝的需求越來越少，因為有越來越多不同的、更好的解釋方式。人們很快就知道為什麼太陽會升起、為什麼豐收以及如何進行性行為，這些事情從黑盒子裡拿出來，放入知識裡。上帝變得不那麼重要了，曾經祂對於幸福生活的意義非常大，如今卻是大幅地減少。上帝被推回存在的最前頭。現在我們都能理解在宇宙大爆炸不久之後的任何事情，對此不再需要上帝了，但對於理解大爆炸之前所發生的事，仍繼續努力。

因此，宗教信仰在今天已經被排除在現代的日常生活之外，但是它仍對幸福生活作了以下貢獻：它持續解釋無法解釋的事物，並根據生命的意義來回答這些疑問，給予了慰藉。

第一個功能實際上就是沒有功能。如果有什麼事物無法解釋，而人們又再用如上帝這種無法解釋的方式來進行解釋的話，那就只是把這個謎團推到一邊去而已，但根本就沒有解開它。並不是陳述「這個我們還無法解釋」的事實，而是用「這是一個奇蹟」（或是除了「我們無法解釋這一點」之外類似的解釋說法）來取而代之。不管如何，這對許多人而言已經足夠了，還發揮了安慰劑一般的作用。因為人們沒辦法理解它，所以乾脆讓自己像懷抱著夢一般，產生希望與相信。

宗教信仰聲稱能夠解釋生命的意義，這引發了一個問題：到底我們為什麼要認為，生命一定要具有類似意義的東西？「意義」是一種關於生命的假設，但不是特徵。如果再次有颶風摧殘了紐奧良地區，或是地震摧毀高樓大廈與橋樑的事件發生，這也沒有什麼特別的意義。大自然無關**善良**或是**邪惡**，它很簡單。沒有人會故意引起這些現象，它就只是出現在可能發生的區域，所以才會發生。然而人們無法接受這種解釋，因此會去尋求使人安心的宗教信仰。人類作為有文化的物種，往往無法領會孕育人類的大自然的粗魯無情，因而想在**超自然**當中尋求避難。人類不願意將一切歸因於未經琢磨的大自然，而寧願朝另一個方向走入稱為信仰的肥碩文化。

在過得非常不好，也沒有任何家人、朋友在身邊的狀況中，如果有人在身邊陪伴的話會感到十分安慰——儘管無聲無形，但至少在某種意義上來說，能感受到不可抗力的感覺，覺得自己的痛苦能受到補償。如果發生了無法解釋的事件，就將一切歸因於上帝偉大的計畫，這讓人感到安慰。那麼之後這一切都會具有意義，即便現在覺得毫無意義——這就是宗教人士的因果作用機制。

在現今的秘教中，人們可能會問：「這場颶風想要傳達什麼給我們？」自然災害、嚴重疾病、命運打擊——這些事件的發生為的就是要向我們傳達些什麼。有些人已經進入非常極端的境界，他們聲稱：人們渴望看到這種不可解釋的現象，都是為了達到一個知識點。希望對紐奧良的居民而言，他們並不是渴望卡崔納颶風發生的有尋死欲望的憂鬱的人。不過，人們在挖掘意義的時候都很不留情面，如果有必要的話，我們還是會隨意地擠出意義。

秘教是現代的宗教信仰生活型態，耶穌與阿拉都正以某種方式退流行，現在流行的是九型人格、風水、人類圖、歷久彌新的占星術等等。這是古老宗教的刺激，帶有異國色彩的吸引力，因此是西方消費行為的典型結果。它看似會產生作用，但是不會持續很久，而且幾乎沒辦法保證什麼，只會讓人們不斷地繼續尋覓。

有一些舒緩的方法得以消除對於生活的恐懼。例如，閱讀星座分析，為的是要知道自己的感受；利用塔羅牌占卜，為了知道這一週的運勢；做重要的決定前，先丟小木頭來判斷。同樣地，早期人們會呼喚成千上萬個聖靈中的其中一個，為的是使命運更為順利。這些事情的反面就是，這些曾經安撫人心而且有幫助的儀式，突然之間支配、約束了生活。人們突然間不能沒有星座、塔羅牌與小木頭了，甚至跟隨這些東西的評斷，放棄了自己的自由。用來解決日常生活的信仰技巧，很快地成了束縛著我們並讓我們失去自由行動能力的腳鐐。在宗教信仰的事物中很難找到平衡，這意味著需要一點距離來冷靜看待所信仰的東西。但是如果平靜的安全氣囊膨脹地太大的話，那麼人們就會過度遠離宗教信仰的事物，以至於信仰就無法繼續發展。曾經流傳一個波耳（Niels Bohr）小小且自滿的迷信，他會把一塊馬蹄鐵放在他的化學實驗室裡頭。「您也會這麼做，波耳先生。」有位訪客對那塊迷信的象徵感到驚訝。波耳回答道：「沒錯，據說即便不相信它，它還是有幫助。」

性，或本能的衝動

把陰莖插入陰道，然後射精。這是簡易解剖學對於繁殖的指示，這是一種壓力的狀態、一種存在的陳腐說詞、一種犯罪、一個讓人難以理解、感到幸福的時刻，以及一個巨大的產業。性不是一件小事，人類文化的很大一部分專注力都奉獻給了它。性是所有人類都能發揮歇斯底里潛能之下的，祈禱與誡命的一部分。

原因在於，性是文明人類不再想要成為卻也永遠無法逃脫的東西，這是人類在文化與大自然之間最具因果的緊繃關係。

我們喜歡把自己看作文明、謙遜、有教養的文化人，動物般的行為在這裡沒有立足之地。在日常中，衣不蔽體是禁忌，所有體液不適合作為話題，血液、排泄物、尿液與精液只會在私底下或是醫療場域出現。有些宗教團體根本不想承認人類是從動物發展而成，而是想將人類視為天生就有文化的物種。讓人驚訝的是人類偶爾會爆發看不見的天性，攻擊與性都是沉睡的本能。但事實並非如此，這些天性根本沒有在打瞌睡，它們持續在我們體內蠢蠢欲動。

性是一種本能，本能是必定會存在的東西。不論我們出家門時是多麼體面、時髦和芬芳，在進行性行為時我們始終都是野獸。性是如幾千年以來所相同進行的唯一行為，沒辦法以抽象化或是美學的原則去評論它。人類的性行為有很多種類，但在文化上沒有什麼改變。根據馬斯洛的需求金字塔來看，性愛與飲食列在同一個層級，所以這不只是一種令人尷尬的動物般行為，還跟進食與呼吸一樣重要。

如果我們不再自然地擁有性，而是只剩下文化上的性的話，那它就會是件尷尬的事，接著變成是犯罪的事。純粹的文化理解認為，性是可以控制的，因此它不是必要的。這種假設是基於人類進化的過程，人類之所以會變成人類，完全是因為馴服了自己的本能。如果今天我們仍然會進行殺戮、或是以我們所喜歡的方式進行交配的話，那我們仍是野生動物。人類的優勢在於沒有這樣做，佛洛伊德（Sigmund Freud）稱這種過程為昇華。他知道，引起攻擊與性本能的能量不是那麼簡單就會消失的，為了讓我們擁有文化，這股能量流必須像原始河流那樣被分流，不能讓這條原始河流破壞、淹沒這塊土地。人們會強迫把這條河流推入規矩流過景觀的河床內，還會建立水壩以及洪水淹沒區。性欲被投入文化方面的活動，譬如事業、藝術、慈善等等。受抑制的能量會在這些領域得到處理，並且找可以活動的新領域。

然而，認為性能夠完全昇華的假設只是文化上的空想。即便強迫這條原始的河流流入河床，但它仍舊是一條河流，不會就這樣輕易地蒸發消失。我們不會失去性器官，只是馴服它們而已。天性可以被馴服，但不會被忽略。文化的傲慢必須要懺悔，所以擁有很多單身未婚獨身者的天主教，是當今世上最大的贍養費支付者。本能會突破所有文化的大壩，如同小草會穿越混凝土生長一樣。因此我們要做的不是抹去本能，而是必須找出與本能和諧共處的平衡。

「麻煩你用智慧去解決這件事情吧！」我的一位熟人因為丈夫所謂性能力過剩的狀況，而這樣訓斥他。爾後她的丈夫有次向我傾吐，說他因為這件事情幾乎要瘋掉了，他開始相信是他本身出了什麼問題。但事實上是這段關係出了什麼問題，如今這兩個人已經離婚，而且與新伴侶的性生活不再有任何必須用智慧控制的狀況了。一段愛情關係也需要動物般的元素，因為這顯示出我們內在最深層、最古老的核心，也許我們無法理解這個核心，但它造就了我們。性是愛情的一部分，愛是現今代表「真理」的甜美稱呼，但是如黑格爾所言，真理往往是整體，因此真實的愛就是性愛與靈魂的和諧共存。

理性的人在某個時刻也會把自己完全奉獻出來，只剩下軀體與感覺而已。這是一種越是深受文化影響，超越戲劇性的邊境跨越。這種親密進入深處的沈浸過程也會讓人想起神聖的事物，偶爾我們在極度興奮的狀態下會呼喊上帝（噢天啊！噢天啊！），大概是因為激動的關係產生了一種例外的感受，這種感受會將我們從這一側轉移到另一個領域中。在這種神秘的浸淫狀態下，也達到肉體的高潮。因此性愛是進入超越界（Transzendenz）的慣常途徑，也是在文明世界中，冥想與祈禱的最終形式。

意義，或充實的生活

意義是行為的超越。如果在某件事物中看見意義的話，那這件事物就會作為生命的能量填滿我們的儲存槽。比起沒有意義的東西，我們更會對充滿意義的東西投入心力。就如同有意義的事物會給予我們能量，沒有意義的事物會奪走我們的能量。如果「一切事物都不具有意義」，我們就會像被移植到黑暗洞穴裡的樹木，靈魂上的光合作用會崩壞，只剩下虛無主義、宿命論和犬儒主義能夠作為糧食。

意義會以實際形式發揮讓心靈滿足的作用，藉由善行、與家人共度和平的午後時光、摯愛的親吻等等類似的事物觸發這種效果。我們在做這些事情的時候，並不會去問是不是有意義，而是本能地感受到它，單純地就去做。不過，與家人共度午後時光或是性行為也可能會失敗，因此沒辦法保證滿足以及心靈上的充實。「意義」僅僅就是去做一件事，因為在那件事中**看見意義**。

如果我們在特定的事物中察覺它的意義，卻沒有去執行，這樣的行為是很矛盾的。假使為了主觀上意義成分較低的事件（例如履行職務的責任），推遲了主觀上意義成分較高的事件（例如與伴侶共度一個浪漫的夜晚），就會經歷這種矛盾。只有在沒時間做有意義的事情的時候，我們才會抱怨無處不在的時間不足。要是時間充滿意義的話，人們也不會感受到任何不足，然而時間永遠都是足夠的，問題在於時間用在哪裡。因此缺的永遠不是時間，而是意義。

將有意義的事物從現實中轉移到投射之中，代表失去了當下的意義以及意義產生的能量。因為推遲幸福生活的方式，所以也避開了幸福的生活！

意義或無意義不只存在於日常的物品與行為當中，那些不滿足於日常瑣事的人，會提出最基本的意義問題，即生命的意義。這個問題是基於**我的生命一定要有意義**的假設。到底為什麼呢？這是誰規定的？這個假設是不是太狂妄了？

這正好代表了兩種不同的類型：一種是，生命**之於我**一定要有意義。我被生下來而且手心朝上，現在應該要有隨便一個誰把意義往我手上放，給予我存在的意義。另一種是，生命意義的問題表明了，人本身必須是有意義的整體的一部分。「我的存在絕非偶然。」人類如此憤慨說道，認為自身存在的背後必然會有一個偉大的形上學的計畫。我們還沒準備好接受我們毫無意義的可能，以及讓自己成為天命的一部分。我們無法認清這一點，以至於在這一方面只好轉而求助於信仰這個唯一的辦法。

我認為，對於生命意義的這個問題基本上是問錯了。這不是關於生命**有**哪些意義，而是關於我們**賦予**生命哪些意義。我們有一個要命的習慣，就是想要被別人服務，而不是自己照顧自己。每當我們尋找重大的意義的時候，就會浪費時間去讓生活變得愉悅與漂亮（並因而有意義）。

萬一我們因為慘痛的經驗，而一直無意義地體驗生活，從而感覺自己像一棵在黑暗洞穴裡的樹一樣，得不到任何陽光——那到底還會剩下什麼呢？卡繆[22]曾提出一個問題，生命是否為了被活過而一定要具有意義。也許他要說的是，生命越是沒有意義，生命就越能被活得更好：「活出命運來，意味著：將它完全掌握在自己手中。」因為重大疾病注定全身癱瘓、無法活動的物理學家史蒂芬・霍金曾說過，他很感謝這個疾病，因為這個疾病幫助他探索自己的內心並且反思。人類能夠如何以

22 譯注：卡繆（Albert Camus），一九一三至一九六〇年。法國小說家、哲學家、戲劇家、評論家，於一九五七年獲得諾貝爾文學獎。

及在哪裡能找到意義？這難道不讓人覺得不可思議嗎？正是這種對於無意義的反抗，賦予生命它的意義。「人類的驕傲感是無與倫比的，任何貶低都不會對他造成損害。」（卡繆）生活的藝術在於「人類自己就是賦予自己生命意義的人」這個核心認知，每一天、每一分鐘，都有機會讓生命變得有意義。那些等待意義的人，就是在等待永遠不會出現的果陀。

平靜，或與四季共生

「平靜」在瀕臨滅絕的清單上絕對名列前茅，它不再存於現代文明的城市環境中了。對我們而言，很難清楚察覺平靜不存在，因為它不並明顯，不似裝滿錢的袋子或是一個月的假期那樣直接具體，如果被拿走馬上就會被發現。但什麼是「平靜」？某個層面來說它就是**什麼都沒有**。如果缺少了平靜，到底是缺少了什麼呢？平靜會凝結世界的喧囂與節奏，漸漸地變得越來越小，這好像不是很大的損失。

平靜是人們什麼也聽不見，最終非常安靜的狀態，眼裡不會有讓人困惑的光線反射，也不會有快速剪接的電影序列。當沒有任何人在周圍的時候，人們能聞到自己身體散發出來的氣味，能顧慮到自己的想法；一般來說，人們必須領悟到自己的存在。這也是一種不會被受各式氣味侵擾的狀態，當我們就只是為了自己的時候。這種我們喜歡稱之為「什麼也沒有」的巨大狀態，真的是什麼也沒有嗎？

其實這就是一切！

缺少這種完全什麼都沒有的狀態，我們就不會存在，因為平靜是每種感受與一切思考的基礎。我們忘記了大自然制定不斷交替的季節，這是一種透過各種心情、溫度與氣味共同組成的生活的旅行。因次，每個人、每個家庭、每個企業都有自己的季節，有各自播種與收割的時期。當一切休耕的時候，我們就有了安靜的時間。

但是，要是我們生活在永不結束的春天裡的話，就必須不斷地播種，在我們的田地上辛苦地勞動，那什麼時候才能採收，享受我們辛苦勞作的果實呢？完全不會有那一天，這永遠不會發生。首先，並不是一切都靜止的時候才是平靜的時間。在現代世界中，平靜只會在精疲力竭的狀態出現，可以說它是以強制休息的方式出現，隨之而來的重生並不會發生在一個讓人享受的環境，通常是在加護病房或是在療養院裡。

我們並沒有好好理解薛西弗斯（Sisyphos）的故事。薛西弗斯是古希臘時期被眾神譴責的英雄，他被懲罰要將一塊石頭推上山。然而每當到了山頂，這塊石頭就會開始移動，再次滾到山下，薛西弗斯的工作就要從頭再來一次。如今我們常用薛西弗斯的工作來形容一個人一直進行反覆性質的工作，而這個工作看似永遠不會達到最終目標，進行這項工作的人永遠得不到解脫。薛西弗斯式的工作對人類而言毫無意義，也很可悲，然而像這樣的大石頭無所不在地潛藏在我們的生活當中：洗衣、煮飯、打掃。這當中沒有一件事情可以持續，很難完成，總是必須再從頭開始。

但是，如果薛西弗斯到達頂端，石頭接著向下滾動的話，到底會發生什麼事呢？關於這點，傳說中什麼也沒提到。很明顯地，這個可憐的傢伙不得不下山，再次重新進行這個任務。於是他從容不迫悠閒地往山下走，看著路邊的草地與田野，哼起一小段歌曲，他正在前往工作的路上，但是在這個時刻他沒有工作要做！現在的他有時間，也沒有重物需要拉。即便拉重物的時間又要到來，但是現在這是另一段時間，可以在上工前到小餐館喝杯葡萄酒的時間。沒錯，那顆石頭還在等他，薛西弗斯也會走到。他知道他必須要下山，但是現在沒有石頭，而且他處很平靜的狀態下。「在這一個他離開山頂的瞬間，〔……〕他超越了他的命運」[23]卡繆如此寫道，「他比那塊巨石還要堅硬。」

薛西弗斯似乎要告訴我們徒勞無功，然而我們的目光是片面且混濁不明的。目光的片面，是因為在薛西佛斯將石頭滾上山的同時，我們只注意到他而已；目光的

23　譯注：引文中譯見：《薛西弗斯的神話》，沈台訓譯，商周出版，二〇一五。

混濁不明，是因為我們只專注於一再回到原點這件令人不悅的事。將一塊石頭拖上山代表著燙衣服、吸地板，這些令人不悅的工作會讓我們感到心煩氣躁。然而也存在像是吃飯與性愛這種薛西弗斯式的「工作」，在這方面的情況亦是如此，在剛剛達到高峰時，就要再次往下走，然後從頭開始。期待下一餐好吃的餐點搭配一杯絕妙的葡萄酒，或是期待下一次與情人的會面，這真的毫無意義嗎？人生就是一個循環，如果我們對於這種一再重來的事感到絕望的話，那我們會因此對人生感到絕望。

更準確地來說，我們很有理由去抱怨對於薛西弗斯傳說的現代詮釋。現代人意識到，薛西弗斯在下山時非常地沒有效率，他根本悠悠哉哉地下山，所以應該要安排他搬重物下去再搬上來。如此一來，薛西弗斯就會隨時待命，不會再有輕鬆的下山，也不再有任何的休息，他只能一次又一次地因為搬運石頭。所以，如果我們用工作的條件來度過休閒時光，就會因為像在工作時產生的時間壓力，要求自己和家庭成員要有效率，這樣我們就會以新的而且十分糟糕的方式來詮釋薛西弗斯神話了。

老薛西佛斯在他的平靜時刻吹著口哨，慢慢地走向他的石頭，他看著我們的世界，看著我們把石頭搬運上山又搬運下來，於是他知道，有人比他受到眾神更嚴厲的處罰。

壓力，或極限中的生活

壓力已經從一種邊緣現象成了每個人現在的生活了。最近我們才知悉相關的壓力職業，例如創傷外科醫師或是機師。然而根據世界衛生組織所公布的數據，自從壓力成為本世紀最大的健康危害，這種分類就已經過時了。如今每一個職業都是壓力職業，而且也許不需要藉由工作來體驗壓力，生活本身就已經足夠了。我們都過著整個人類史上前所未有的壓力生活。生活在石器時代的人類知道，如果危險迫在眉睫或是狩獵開始的時候，腎上腺素會快速分泌，然而今天似乎不斷存在著危險，我們也不斷地處在狩獵之中。

每個人都知道「優質壓力」（Eustress），這類壓力在面對挑戰時會變成一種推力，它會引起舞台恐懼症以及膝蓋顫抖，但是同時也會把注意力轉向當下，所以可以說是一種專注的副作用。身為作家的我也曾陷入優質壓力中，因為我草率地向出版社提出一本關於幸福生活的書的想法，但是坐在一張白紙前卻遲遲無法動筆。壓力越來越大，但是同時欲望與喜悅也會越來越大。所以壓力有著積極的面向，因為它讓我們感覺到自己還活著。壓力會讓我們為某件事做準備，但是如果這個準備沒有發生會怎麼樣呢？如果因為害怕野獸而不去爬樹、不去考試、不敲下鍵盤寫下第一個字的話呢？如此一來，累積的壓力會變成身體的敵人，人類會因為不去行動而感到沮喪，積累起來卻沒有轉化為動能的能量，會以脂肪酸與葡萄糖的形式沉積，加速動脈硬化。在必須運送乾草料，卻雨雲密布的時候，山上的農夫也會感到壓力，但是他可以透過身體的勞動來減少壓力。然而，在堵塞一公里的車陣中握著方向盤或是坐在螢幕前面，並沒有辦法透過勞動來減輕壓力。

這樣會因此出現「造成身心緊張的因素」（Distress）。這個英文字彙表示「折磨、痛苦、憂傷」，意思是要求變得過多的狀態。自主神經系統可能會失常、性功能會受損，還會出現睡眠障礙。

如果產生了這種令人不適的壓力，身體會先發出警告。身體會產生反應，盡可能克服這種狀況，並提供更多的能量來讓初始的症狀消失。喔拜託，這樣也可以嘛！接著一切看起來又會像正常狀態一樣，唯一的差別在於無法再使用儲存起來的能量了。如果負荷持續太久或是負荷造成更危急的警示，就會讓全身崩潰，出現稱為心力交瘁的情況。

面對這樣的狀態，我們可能要變得更聰明一點來改變些什麼，然而正是壓力阻止了這些作為。壓力與學習之間有一個致命的生理關係，尤阿希姆．鮑爾（Joachim Bauer）在他的著作《你的心情不好，我知道》[24]一書中，描述了這層關係：「一旦產生了壓力與恐懼，一切（……）就會脫離：換位思考的能力、理解他人的能力以及感知細微之處的能力……（以及）學習的能力。」壓力的等級越高，理性解決的能力就越低。雖然人類是有學習能力的，但在壓力狀態下，人類最多只能根據習慣以及從抽屜裡拿出來的藍圖來行動而已。如果沒有這些習慣可動用的話，往往就會採取不適當的行動。大家所熟知的事實是，很多人在恐慌的情況下（即壓力的最高點）會做出完全錯誤的反應，也就是在承受壓力的情況下，直覺會給出錯誤的指示。

所以說，如果我們生活在壓力無所不在的時代中，意味著我們也同時活在一個降低學習能力的時代。有些人在面對沉重的負擔時會引以為傲，這就是沉重負擔所

24 譯注：引文中譯見：《你的心情不好，我知道》，張維娟譯，商周出版，二〇〇九。

產生的愚蠢行為的第一個象徵。教育學提及：當學生乘載越多的壓力，他們就會變得越笨。

唯有停下腳步時，我們才能在自己的經驗視野中匯集新的觀點，找出解決辦法。如果沒有停下腳步的話，壓力會大到變成恐慌，進而形成做出使用錯誤解決方法的恐慌反應。不過，在面對這些情況時，我們的確有充分的理由驚慌失措。

現代社會所創造來的事物與狀態超出了人們的承受能力，壓力因而成了一種社會現象，我們比自身所取得的進步還要緩慢。人類還享有一種不可靠的特權——作為一個將無能應付事物帶入世界的物種的特權。因此，西方社會處於一種身在壓力狀態，即使一無所獲，仍然不斷地面臨挑戰。

原因在於，我們在生活中必須對所有的商品與選擇進行時間的分配，我們沒有足夠的時間消費，甚至是享受，因為每樣選擇都需要耗費一段時間來決定，我們還處在機會的壓力之中。時間突然變成一種稀少的商品，因為有太多事情都跟時間有關係了。生活在較少機會的地區的人們經常很努力工作，卻不知道什麼是破壞性的壓力。過度的要求不是因為存在的艱苦而產生的，而是因為大量的選擇。如今我們藉由減少耗費時間的活動，試著去得到時間，譬如睡覺時間太長、吃飯時間太久

（幸運的是，還可以在跑活動的途中買速食來吃）、家庭生活也非常耗時。「社會肆無忌憚的狂熱與內心深處所經歷的片刻充實之間的衝突，從來沒有如此劇烈過。」模控學者喬艾爾．德．侯斯奈（Joël de Rosnay）曾這樣說過。在當今社會體制中流通的資訊量大到沒有人能夠用其一生去吸收並運用它們，我們只能夠利用存在的一切中最小的一部分而已。我們最好能夠理解並接受這一點，如果成功做到這一點的話，那整體的壓力程度就會隨即降低。

研究會繼續產生更多影響我們的知識與技術。唯一的問題在於，我們是否必須親身參予技術、流行、教育每一個發展的階段？對此，有個顛覆性的作法——嘗試半年內不做任何形式的消費（當然，日常必需品除外）。不買新手機、新鞋子（反正櫃子也已經裝滿了鞋子）、新衣服，不再有任何這類的物品，就乾脆地遠離些這個世界生產的所有東西半年。如果克服了這種想法所產生的壓力的話，那這種方法可能會產生一種讓人平靜的效果。還有，如果你真的實踐了這個做法的話，你將會得到驚人的體驗，就是會認停止消費半年的時間還是太短了。

死亡，或有限的生命

每場遊戲總有比賽結束，哨聲響起的時候。然後比賽就結束了。即使進入能繼續比賽的傷停時間，也只是暫時的而已。最終的比賽結果會顯示在大大的計分板上，決定性的畫面會以縮時攝影的方式再快速地播放一次：一個嚴重的犯規、一顆難以置信、幸運的進球、邊場上發生的……，總之就是諸如此類的情況會再重播一次。在最近的訪談中，球員們還會抱怨那些他們發現的不公平狀況：要是他們知道球是圓的而且比賽時間有限⋯、偉大的裁判到處吹錯哨。不管如何，比賽都已經結束了，只有一些不請自來、自認為很有使命感的首席評論員還會在夜間廣播節目上分析一些你的表現。就是如此。根據聯賽系統來看，這叫做：「降級」、「升級」、「重賽」或甚至是「出局」！

「我在進行熱身的時候是表現最好的那一個。」我小女兒的一個女生朋友在做地板運動時好強地說道，小小的自我感到氣憤，但這樣也沒有用：這個機會一定要在比賽上運用。可惜，在比賽之前或比賽之後就沒有意義了。我們只有在生活中是活著的。

結束是不可避免的，結果也包羅萬象。我們當然可以毫無限制地用悲歎度過這有限的時間，彷彿有人不開心地撕下歌劇的入場票，然後整段時間一直在抱怨「反正整齣劇三個小時內就會結束了」。這種簡單發牢騷的形式，是悲慘生活真正本領的實踐——憂鬱。憂鬱會覺得「一切的結束」不再只是令人厭煩，而是很悲慘。對於鬱鬱寡歡的人來說，死亡奪走了生命的意義。沒有花朵、沒有孩童的笑聲、沒有音樂旋律，沒有什麼事情能讓人感到愉悅，因為一切萬物都消逝了。每個事件都有它們特殊的影響力，以至於我們可以輕鬆看待某些事情，而有些事情必須嚴肅以對。鬱鬱寡歡的人會把任何事情看得很嚴重，而我們可以從中發現到，每件事情的嚴重性對每個人而言都是不一樣的。我們透過嚴肅地看待所有事物，深入探究存在的註腳，並且想要探究其意義，進而達到憂鬱的狀態。

首先，我們**必須**要深信一切萬物都有意義；再來，我們必須假設，只有事物是**永恆**的話，那它才具有意義。因為沒有什麼事物是永恆的，所以任何事物都不具有意義。如果我們讓自己的幸福依賴於不可能的情況的話，那麼很容易就會讓自己陷入困境。

一直以來，活著就是在**死亡前提之下**的存在。關鍵在於，死亡之前你想要做什麼？事實上（與鬱鬱寡歡相反的立足點來看）根本沒有理由不去充分利用生命的可能性。光是出生在世上就讓人覺得很不可思議，讓我們都要慶祝自己的出生，我們已經在一場數百萬個精細胞的賽跑中獲得勝利，串起數個世代的脆弱基因鏈因此得以保存下來。從現在的我們回推至最初始的生命開端，在過去一直都有創造出生命的父母存在。維繫這種基因鏈並不是無關緊要的小事。當我們在這裡活著的時候，或是以微乎其微的中獎機率贏得生命樂透彩券成為贏家的同時，基因鏈已經分裂了數十億次之多了。單純就統計的觀點來看，我們大家都沒有機會，但我們本身就是機會。所以，我們現在到底在抱怨什麼呢？我們就存在在這裡，而且可以思考生命的空虛無意義。多麼了不起的一件事啊！

要是死亡真的不存在的話，我們還會想要什麼呢？每一個動力可能都變得毫無意義，因為所有事情都變得有可能了。然後在某一個時候就會嘎然而止。如果在將來的某個時候，所有事情都變得有可能的話，我們現在永遠就不需做任何努力了。

永無止境可能會非常無聊，長生不死的人最後什麼也不想要，只希望能夠死去而已。只有死亡的前提會給現在施加壓力，並且強迫我們就此開始做些什麼事情來充實現在。更確切地說，就是完全超脫於形上學所說的那樣。如果一個人相信神，那這個神就大概不是偶然地創造了世界與世上的各種可能性。祂想要有人活著；而生命一直都是利用對自己有利的機會，因為它必須得以維持，也就是說，我們要賦予自己生命的意義。

另一方面，不相信神的人更是沒有理由讓自己過上不好的生活。人們理解到「這正是個妓女的世界，這個不可逆的人生的機會就是與這個世界發生性行為。」（彼得・斯洛特戴克[25]）「因為生命永遠不會再回頭，所以這使生命變得更加甜美。」艾蜜利・狄金生[26]如此寫道。

面臨死亡的時候，覺得人生總是值得活下去，尤其是只有在面對死亡的時候更是如此。因為對於死亡的恐懼，總有一天會回歸到沒有活過的恐懼。死亡會馬上產生對生命的肯定。

25 譯注：彼得・斯洛特戴克（Peter sloterdijk），一九四七年至今。德國哲學家和文化理論家。
26 譯注：艾蜜利・狄金生（Emily Dickinson），一八三〇至一八八六年。美國詩人。

兔子的教訓

現在，細心的讀者可能會發現缺少了一些重要的東西。我本來是要寫關於時間的現象與泰然自若，順帶一提這是我非常欣賞的態度。另外，我也應該要對熱忱、寬容與責任心及許多事物進行反思。畢竟這些事物不也都和幸福生活大有關係嗎？

沒錯，絕對大有關係。這會導致要去思考一切事物，而且要很詳盡地對待它，但是完美主義是和完美生活是完全對立的。所以我所選用的語彙都很基本，如果有人想替換一些用詞的話，整體而言也可以。我必須承認，有些重要的詞彙還坐在冷板凳上沒有出現，但這都基於自然規律，我所挑選出來的詞彙也都如此。

一、幸福不是憑空出現的

有機的生命是一種高價值的資源。是的，我就是在說各位——你與你的時間、你的力量與你的責任、你的肌肉與你的思考，全都是投入這個世界的原料。請原諒我這個彷彿在談論石油而非人類的討人厭說法。但不幸的是，事實就是如此。對社會體系而言，不論是夥伴關係、家庭、鄉鎮、城市景觀美化協會、公司、家庭等等，你就是石油，你的周遭也會掀起分配資源的戰爭。珍貴的資源永遠不會被閒置，不是你利用自己，為自己付出時間與精力，就是其他人利用你。我向你保證，你的生活會一再地被填滿。問題只是在於被誰利用，以及出於何種利益被利用。

沒有任何人會給予你你的需求、你的自由、你的性欲、你的幸福……！因此**幸福生活的第一種模式**就是：它不會憑空出現。我們必須接受這一點。所以幸福生活需要勇氣，偶爾需要一點厚臉皮，更重要的是需要一點點的自私。

我們也會想在一段伴侶關係中（為了在這個相對簡單的制度中生存）偶爾自己一個人，去固定的聚會、體會一些**不用**一起做的活動來維持自己的自由，並且保有秘密。如果長時間沒辦法進行這些事情的話，就表示這個制度贏了，而我們輸了，輸了自己的自主權也因此失去自己。

不過另一方面，要是能絕對達到這種幸福生活，那我們必定是處在這個制度之外。因為每天晚上都去固定聚會並堅持自己需求的人，會對伴侶關係提出質疑。百分之百的自由與伴侶關係並不相容，我們必須對自己的自私有所節制並聰明地應對，自我生活的分配、適應是絕對必要的。

我深信，每個制度都仰賴於它自身的自主權，它希望人人都能服從它，但卻不是絕對地屬於它。因為這種「勝利」只會是慘勝，藉由制度讓人順從而贏得的東西，不具有任何價值。只會留下一名服從的奴隸，卻留不住能夠為此繼續努力的人。因此每一個制度總是會允許小小的不服從，這一點不需要清楚地口頭請示。所以請你鼓起勇氣，並好好把握你的生命！

二、每個人都必須了解自己

我們必須取捨自己的幸福生活！但是取捨什麼以及多少程度？要取捨愛情、感激、意義、自由當中的哪一個，到怎麼樣的程度？我無法給你答案。

我知道這對我個人而言是什麼。我非常需要自由。我有各式各樣的會員資格，俱樂部成員、期刊訂閱的會員等，伴隨這些資格而來的義務變成我最大的痛苦。譬如每年一定得到沃夫岡胡畔邊的渡假小屋渡假兩次（當初為什麼要買下這棟渡假別墅啊？），我可能會因此心力交瘁。因為比起在這麼漂亮的地區買一棟如此漂亮的房子，我更想要自由自在地去旅行。所以我是以租賃取代購買的類型，不動產對我而言代表了不自由，所以我盡可能租房子。

我可以無止盡地一直談論我個人的事，但是這對**你**有什麼幫助呢？你有屬於自己、旁人不知道的動機。我甚至和尼采一樣堅持：我個人的判斷就是**我的**判斷，「即便他人有這個權利也很難做到！」所以，好好照顧自己就好，不必來佔據我的見解。

所以，**幸福生活的第二種模式**與祕密就是，你必須要先親自找出它的涵義。如果連目標是什麼都不知道的話，要怎麼瞄準呢？請你把剛剛提過的詞彙當作是物品放在手中，然後衡量一下，問問自己：這是我想要的嗎？我需要這個嗎？有多需要？

這個方法也適用於外在需求強加在你身上的所有一切，因為現在的消費性商品世界確實充滿了這些東西，到處潛藏著拯救的承諾以及幸福的保證。需求市場就是人性的最大市場，於是製造商對於一再嘗試、想要試用這些令人愉快的產品的人感到開心。但是如果你手裡握緊了所有的東西，翻手向上，打開手掌看看那些東西，並問自己：我真的需要這個嗎？如果是的話，需要多少呢？你當然可以隨意停留在享樂之寺、百貨公司、熱門旅遊地點與奢華餐廳，但在這之前，請你先停留在自己身上。

三、幸福生活是平衡的結果

最後**第三個與幸福生活相關的模式**，就是一切只能透過平衡來實現。所有的生命都是可辯證的，它充滿令人難以置信的極端狀況，像是最高程度的禁欲與暴飲暴食、節制與濫交、責任與自私、緊張與放鬆等等。我們經常覺得自己在兩極之間無助不安地來回踱步，但這只是一種完全自然的運動，就像鐘擺那樣輕輕地往兩個方向來回擺動一樣。這是世界上最自然的節奏，白天接續黑夜、睡眠接續清醒時分、笑與哭、毫無節制與齋戒。如果我們嘗試永遠生活在同一個狀態，並牢牢地堅持在這個狀態之中我們就會與自然條件脫節，並為此付出代價。

如果我們想要完全的自由，我們就會被關起來；如果我們完全放棄我們的自由，我們就會變成奴隸；如果我們想要完全的愛情，那它就會以癡迷而結束；如果我們完全放棄愛情，那就是放棄了深層的滿足。持續的忘恩負義會造成孤獨；不間斷的感激難以與阿諛奉承做區別。還有許多其他諸如此類的情況。

「平衡」並不是必須每分每秒驚慌接受監視的狀態，也不是一旦產生些微偏差就必須馬上校正。即便自由在主觀上很有價值，有時也可以完全地拋開它；我們也可以在一段時間將愛情與感激擱置一旁，並享受藉此贏得的自由。「平衡」不代表在各方面都保持不冷不熱，而是讓一切事物透過時間與空間來取得平衡。

你並非世界上孤單一人

上述到此即為「兔子的教訓」，兔子蹦蹦跳跳地在森林裡穿梭，想要在森林裡找到牠最可能的平衡。我們已經非常充分地了解了，為什麼我們明明過得很好卻不快樂。

然而這只是一半的真相而已，到目前為止這一切都是以個人的角度來觀察的，但我們非孤身一人。隨著人口密度的增加，似乎有必要找出一種生活方式，能將自己與其他人的幸福生活置於同一個屋簷下。於是一場為真理與正義而戰的偉大鬥爭就此展開，而且直到現在仍在進行當中。

因此，讓我們為了即將到來的事物調整哲學眼鏡的度數，這並非只為了理解接下來的事情，而是為了了解自己。我把它變得相對簡單一些，並為你的哲學眼鏡提供三個設定的參數：

請你隨自己的想法與個人認為足夠的程度，將度數調整往「照顧」或是「被照顧」的方向多一點點；往「欲望」或是「責任」的方向多一些些；往「命中注定」或是「自由」的方向多一點點。在這三個對立的層面分別有下列不同的理論。

從照顧與被照顧開始

彼此相伴屬於美好生活的一部分。每個人都很樂意照顧別人，但是偶爾在有需要或疲勞的時候，也希望被照顧。父母照顧孩子，國家照顧公民。當我們處於緊急狀態下，只要受到他人照顧，就是一種人性的行動；但是在非緊急狀態之下，所有人都受到照顧的話，會是怎麼樣的情況呢？

歐洲各國比以往來的富有與繁榮，並且對於照顧他們大部分不在緊急危難狀態下的居民，做得非常優異。因為緊急需求往往都是相對的，而且是觀點的問題，因此國家會有充分的理由給予照顧，在社會福利國家中，往往每個人都需要被救濟。

我曾經主持過一場關於「小額金融」的活動，這種形式的援助不是把錢送給有需要的人，而是提供他們小額貸款來從事商業活動，這個貸款必須連本帶利一起償還。在這場活動上放映了一部影片，影片中可以看到一名難以想像到底多麼貧困的男子。他的臀部以下癱瘓，雙手在地上爬行，以一輛自製的以手踏板驅動的腳踏車前進。這名男子想要以補鞋匠維生，之後他獲得了一筆小額貸款來購買工具和材料。他炯炯有神地看向攝影機說，他不想要乞討，想要揮汗工作，讓他的孩子們能跟他學習，然後自豪的說這鞋是我爸爸做的！如今，這名叫做約翰．卡林加（John B. Kalinga）的男子，可以製做出非常完美的鞋子與袋子，而且能養活他的家庭。

我問了在場的觀眾，如果這名堅強的男子生活在任何一個社會福利國家的話，會發生什麼事呢？他可能會被成功地被說服，認為自己是完全殘疾的而且一定需要救濟，他會定期得到所能想得到的補助費，而且會在收容殘疾人士的中心裡做黏貼紙箱的工作。他人生的顛峰可能是作為某個政治狂熱支持者，然後上了電視談話性節目。不然就是，他需要受到照顧，並且毫無動力地渡過困苦的生活走向人生終點。不是給予這名男子殘疾補助款，反而是一筆需要償還的貸款，甚至讓他揮汗工作，這種建議在社會福利國家中難以被採納，而且有很大的機會因為不道德而被拒絕。但是幸運地，約翰．卡林加不住在歐洲，而是肯亞。

如果你認識賺很多錢而且賺得比你還多的人，你會把這個當作是不公平還是激勵呢？這是兩種非常矛盾的生活方式，這個問題的答案會幫助你調整你的哲學眼鏡。

欲望還是義務？

你是目的論者抑或義務論者？目的論（Teleologie，telos為目的、logos為理論）指的是，凡事旨在目的，所作所為要以自然的目的為主。義務論（Deontologie）則與此相反，它是責任理論，也就是「應該是什麼」。受規範的事物並不是自然的目的，而是道德上所定義的目的。對義務論者而言，從一開始就確定了什麼是**好的事物**，這往往是關於滿足義務責任，而非個人的欲望。目的論者與義務論者對美好的生活爭論不休，那麼你是基於欲望還是義務在做事的呢？接下來就請你就看事物的觀點，做些適當的調整。

命中注定還是自由意志？

生活的另一個基本問題是，我們是否相信自由意志？或是我們認為一切都是已經預先設定好了？叔本華從根本上否定了自由意志的存在，許多多宗教信仰的綱領也是如此論述。人類會根據觀點，受到自然的驅動力、神的計劃、天意、星座等等所限制，因此在任何情況下，人類的行為都是（命中注定）被決定好的，人類必須順從自己的命運。

個人主義者反對這個觀點，他們認為人類就是人類自己本身形塑而成。在我們的人生中，我們有能力採取行動，也要為此負責，如同沙特[27]所言：「就是沒有任何藉口。」

人類會根據觀點的不同，被評斷是自由的，或是服從一個更高的意志。這就交給你自己來決定吧！（這個要求是一個被故意扔進房間裡的謬論。）

27 譯注：沙特（Jean-Paul Sartre），一九〇五至一九八〇年。法國哲學家，西蒙波娃的伴侶，著作《存在與虛無》是存在主義之中的重要作品。

第二部：關於幸福生活的偉大理論

我們換個角度來看。到目前為止，我們提供了一些方便個人思考的指引，可以說是由下往上的思考視角。現在要看的是由上往下俯觀的偉大理論。

這些偉大的理論猶如壯闊的哲學建物，由尼采、叔本華或馬克思（Karl Marx）等傑出特異的建築大師們所建成，想像我們置身於各個維持國家現有秩序的區域內活動。此時吹起了另一陣風，這陣風能拂淨每個個體。現在，我們要開始了解關於幸福生活的普遍理論，這有助於我們以簡潔明瞭的形式，來了解某些人認為什麼對我們才是好的。社會主義想要的到底是什麼？自由主義想要的又是什麼？它們是如何定義「自由」或「富裕」？

許多理論是彼此相關的，一個理論可能源自於另一個理論，許多理論則會一再推翻舊有理論。因此我會按照提出的時間順序來介紹下列理論，從古老的原則開始：享樂主義。但我不會試圖概述政治思想的發展，若是更詳細去探究希臘古典時期，就會超出本書的範圍了。我的重點仍放在尋找幸福生活。最後，我們會發現**政治動物**（zoon politikon）的目的就是找到一個促進所有人類彼此共榮的規則。同時我們會察覺到，想要過得更好的願望正是侵略的起因，因此某個人的幸福生活即是另一個人的悲慘生活。柏拉圖曾在《國家篇》（*Politeia*）中追尋的完全的公平正義，我們時至今日都還沒有找到。

藉著這個機會我要向我的朋友：哲學家歐伊根．瑪利亞．舒拉克（Eugen Maria Schulak），表示我的敬意與感謝，有好幾個晚上我都和他一起討論這個主題。同樣地，我一定也要對歷史學者格奧格．哈曼（Georg Hamann）表示莫大感謝，他看過本書內容，並針對每一個細節跟我講了很多故事，多到能塞滿一座圖書館了。

享樂主義：幸福生活即享樂的生活

如同叔本華所言，人類內在的主要驅動力就是利己主義。每個生物都會努力保護自己，並盡可能追求幸福，這毫無疑問是自然的原則。強壯的狗搶走瘦弱的狗的骨頭，然後在陰影中享受它，接著膽戰心驚地四處張望，確認是否有更強壯的狗潛伏在某處。如果我們可以自食其力的話就會完全靠自己，這就是最原始的「道德」。這個原則存在動物發展成人類的一開始，而後漸漸地被共同的倫理所取代。隨著人類組成群體，在狩獵、採集與飼養之間導入任務分工下，人類必須將個人的利己主義擴大成群體的利己主義（Gruppen-Egoismus）。群體成長得越龐大，形成如村莊、城市與國家等更為複雜的結構，利己主義就必須被拓展得更廣泛，直到人們不再能稱之為利己主義為止。它已經成為一種共同的道德，這種道德也考慮並規範了人類與其他群體的共存。

這種非常古老、以自我為中心的利己主義是每個孩子與生俱來的，我們並非以社會主義者或是功利主義者之姿誕生在這個世界上。小孩子想要什麼東西的話就會哭喊，而且不會分享。他希望得到所有的快樂，這是他唯一的生活目標，而且小孩子在這方面是毫無顧忌的，透過教育與社會化，小孩才會蛻變成人。

奧古斯丁（Aurelius Augustinus）在嬰兒身上觀察到這種古老的貪婪，當時其中一個嬰兒將其兄弟從母親的乳房上推開，奧古斯丁從這點得出一個對所有後代的命運判決。他看見這個「無辜者」犯下了貪婪、吝嗇與暴力的行為。由此可知，人類來到這個世界時並非一張白紙，而是帶著原罪。奧古斯丁在西元三五〇年時突然產生這個想法，至今這個想法仍影響著我們。他作為一名教會的高層人物以及偉大的聖經釋經學者，無法將利己主義解釋為文明人的動物殘餘，他將其歸因於形上學的意義，相繼為教會帶來許多赦免的錢財。

利己主義是動物與小孩的「美好生活」，但是作為成年人，它不再有什麼功用。靠利己主義為生的人，會進監獄。但是這種以自我為中心的生活方式可以經由打磨，變成優雅的享樂主義。人們將獲得快樂視為人類行為的最高目標，並將幸福定義為快感（hedone，希臘語的快感之意），所有作為都是為了追求最高程度的幸福感。伊比鳩魯認為享樂主義是必然的，因為他把每個行為都解釋為對快樂的追求。

傑瑞米．邊沁（Jeremy Bentham）制定了一種享樂主義的計算公式，根據這個公式可以得出取決於以下參數的行為價值：獲得快樂的可能性程度、預期獲得的快樂強度、獲得快樂的時間與空間接近程度，以及最終這是否會產生附加的積極或消極後果。享樂主義者以這種方式進行計算，也就與純粹利己主義有所區別，因為他們將自己的利己主義嵌入社會的框架之中，有自己的欲望，但也伴隨著必要的尊重與理性。

儘管確實存在能夠代表快樂原則並以此為基礎的哲學家與社會構思，像是功利主義（Utilitarismus），但是享樂主義並未被視為哲學的流派。最能被稱為享樂主義者的哲學家就是阿瑞斯提普斯（約西元前四百年），他是蘇格拉底的學生，也是與第歐根尼同時代的人物。與他那住在木桶裡的同行不一樣的是，阿瑞斯提普斯並不想透過否定所有的需求來維護他作為人類的尊嚴，而是透過明智、審慎地滿足這些需求來達到這點。第歐根尼曾義正詞嚴地斥責他：如果他能夠多少壓抑吃肉的巨大食欲的話，那他就不必不斷地討好暴君。阿瑞斯提普斯充滿自信地反駁道：如果第歐根尼能夠了解怎麼稍微討好暴君的話，那他也能吃上一次肉。阿瑞斯提普斯是一位講究吃喝玩樂的人，對他來說，與暴君進行道德疑慮的互動根本無所謂，只要他不要依賴他們、能從中獲得些什麼就好。「精神心靈緊繃的需求會讓我變成蘇格拉底，而放鬆會讓我變成〔暴君〕戴奧尼修斯（Dionysos）。」對於指責他這樣回應道。這是一個非常自主，但也有些玩世不恭的觀點。不像蘇格拉底拒絕傳授哲學來收錢，認為這是詭辯派的惡習，阿瑞斯提普斯則教授富有雅典人的兒子，讓自己獲得可觀的收入。當有人問道，為什麼要以哲學家的身份去敲有錢人家的門，而富有的人卻沒有來敲哲學家的門？他回答道：「因為前者知道自己要的是什麼，但後者不知道。」即便是買賣的愛情服務，他也很樂意接受，儘管這引起許多人的不滿。他認為去嫖妓並沒有什麼可恥，可恥的是和她在一起。對阿瑞斯提普斯而言，身體上的需求對他而言尤其重要，令哲學家震驚的是，他將「感受」作為幸福生活的座右銘。他無法從不受干擾的隱居狀態獲得任何東西，雖然這種方式之後受到伊比鳩魯的遵從。阿瑞斯提普斯不想要不受干擾地過著隱居的生活，而是想在生活中受到擾動，並從中得到些什麼。他認為身體上的快感是可以感受得到的，而且每個活著的人都渴望它。即便快樂的來源是骯髒的，它也是一種財富。

幸福生活顯示於現象學之中。自阿瑞斯提普斯以來，大概沒有任何一位哲學家會這麼地直接表現出來。他的快樂哲學關鍵在於尋找快樂，但不沉迷於其中。他寫道，快樂的主人不是擁有它的人，而是利用它但不被它吸引的人。這是種對人們大聲疾呼，並且令人耳目一新的方式，人們不必只是不停地思考和履行義務，他們也可以感覺很快樂，並且大方承認這點。

由於大型道德與宗教體制的崩潰和轉變，享樂主義總是一再光榮復歸。然而，享樂主義只有在作為靈活依附外在環境的個人原則的時候，才會發揮作用。因為快樂是一種個人的感受，而不是共同的感受。

這就是享樂主義經常必然受到道德質疑的原因。享樂需要集體的道德正當性，而且不能對此沒有反思。正如那些批評的人喜歡強調的，這個目標本身就是錯誤的，因為享受是卑鄙、無情以及反社會的（例如奧古斯丁）。哲學家何基西雅斯（Hegesias）認為，享樂主義沒有價值，因為與快樂相比之下有太多痛苦了。人們沒辦法達到任何目標。

無論如何，享樂主義的基本原則「快樂」，是一個不適合共同闡述的詞彙。因此對現代的享樂主義者而言，偶爾在大型慶祝活動上歡慶是唯一的集體機會。柏林的愛的大遊行（Love-Parade）與維也納的生命舞會（Life Ball）是花俏的享樂主義，在這些活動上人人聚集在一起，在華麗的節日中展現出自己對快樂的態度。社會也跟著慶祝，因為它也受到了感動，而統治者因為政治正確的原因跟著點頭示意。但是在這一天過後就又回復到嚴肅的狀態。如果團結的索多瑪（Sodomit）[28]主義者在瑪利亞西爾夫大街（Mariahilfer Straße）進行一場展現他們性傾向的遊行，或是葡萄農會想在議會裡舉辦一場有格調的飲酒會，大概不會被允許。一個國家可能會因為容許太多享樂主義式的遊行，而陷入墮落與道德的失序。也因此享樂主義能被容忍，但永遠不會受到正式認可。

28 譯注：指中世紀基督教神學中非屬於神學自然法規範的性行為，一般指男性與男性之間的肛交行為，也可能指女性與女性之間的性行為，男性與女性之間的口交、肛交行為，或人類與動物之間的性行為。

柏拉圖的倫理學：幸福生活即理性的生活

柏拉圖是第一個以文化的方式反駁古老的欲望滿足原則的人。如果有人說希臘古典時期是人類文明的發源地，可能很大一部分是他的功勞。儘管哲學家一直努力發展哲學與城邦（polis），但整個社會卻仍受到本能行為主宰。性與暴力明顯地恣意發展，但法律保護的對象只有雅典人的上層階級而已。柏拉圖在一趟拜訪西西里島上的暴君戴奧尼修斯的旅途中，記錄了那裡的人「一天飽餐兩頓，而且沒有一個晚上是沒有人陪睡的。」

柏拉圖認為這種狀態很駭人。即便像阿瑞斯提普斯這樣，已經將純粹的本能行為置於某種明智的監督之下，對他來說還是不夠的。這種將欲望視為一切的基本想法他完全無法苟同，於是他扭轉了這些關係。他認為欲望在道德上是惡劣的。人體所想要的一切都是欲望，如果不斷屈服於這種追求的話，不會從中產生出什麼好東西。在他看來，僅只滿足身體所需是很動物性、不事生產以及糟糕的。所有衝動會在無止盡的欲望中具體化，如此一來這條路會變成一條無邊無際的自私之路。柏拉圖意識到，兩個自私的人之間是不可能存在友誼的，因為他們都只是在尋求找自己的利益而已，因此連暴君也是動物般、不事生產（今天人們大概會說是不可能持續的）又邪惡的。對於一個拜訪戴奧尼修斯的人來說，這是一個顯然會帶來危險的觀點，實際上柏拉圖的確多次深陷囹圄，甚至淪落為奴隸，而且他能夠脫離奴隸身份的原因，只是碰巧有朋路過幫他贖回自由而已。所以柏拉圖並不是象牙塔裡的哲學家，他的觀點與政治相關，也很危險。

他認為人類是理性的物種。理性沉睡在我們的內在，是欲望的強勁對手。因為柏拉圖將欲望當作身體上的物質，而理性是心靈上的物質，這是對於人們最終要聽從心靈而非身體聲音的呼籲。但這要怎麼辦到呢？到底什麼才算作聽從心靈的聲音？

人類沒辦法憑一己之力做到這一點。這種沉睡在我們內心的理性能力必須被喚醒，並且加以提倡，唯有透過教育，人才會變成人。而理性本身就非常完美，所以對柏拉圖而言，幸福的生活無疑就是理性的生活。

在西元前四百年左右，這是一種革命性的思想。柏拉圖是人類歷史中第一個，或許至今仍然是最偉大的教育家。他認為，如果每個人都能擺脫原始身體必要的需求束縛，並且把所有精力都投入精神教育之中，所有人都可以過得更好。這點正是日後佛洛伊德所說的，他認為本能可以昇華為成就文化不可缺少的力量。

在柏拉圖著名的對話錄著作《拉克斯》（*Laches*）（他讓蘇格拉底在書中現身）中，他致力於心靈的教育。書中寫道，有兩個雅典人在擊劍課程中觀察他們並徵詢剛走進來的蘇格拉底的意見，確認是不是這兩位年輕人都學會擊劍了？以及，蘇格拉底是不是沒辦法指導他們？「當然。」蘇格拉底這樣回答，「當一個人在考慮給眼睛敷藥的時候，你說他考慮的是眼睛還是藥？」當然是為了眼睛！所以這跟擊劍一點關係都沒有，而是跟這些青年具有哪些才能有關。什麼才是適合他們的？對他們而言有沒有用？「我們現在想要得到的是某些知識，其目的是關心年輕人的靈魂。」人們一定要找到對的老師。但是蘇格拉底認為，這兩位父親應該要先幫自己找老師，接著才去幫他們的兒子找老師。「我認為我們每個人都應當為我們自己找一位最好的老師。首先是為自己找，我們確實需要一位老師；然後是為年輕人找，無論代價有多大。我不想建議說，我們就安於現狀吧。」[29]

29 譯注：引文中譯見：《柏拉圖全集》第一卷，王曉朝譯，人民出版社，二〇〇一。

這是一個明確對於成人教育與終身學習的呼籲！對於那些覺得在成年後仍繼續學習很羞恥的人，柏拉圖以一段荷馬（Homer）的話來反駁：「愚蠢與可恥不適合有需要的人。」

所以柏拉圖為那些求知若渴的人做了一件偉大的事，他在西元前三八七年創立了一間學院——根據雅典門前的阿卡德摩斯（Akademos）樹林來命名——而這也是世界上的第一所大學。雖然查士丁尼（Justinian）在西元五二九年下令關閉這所學院，也就是九百多年之後！這所學院的存在成了邁入歐洲中世紀過渡的標記。

柏拉圖當時就預料到，邁向教育的路上會有很多阻礙，正如他作品《國家篇》中的洞穴寓言（Höhlengleichnis）。他在書中解釋道，感官所感知到的真理就像是實際圖象投射於牆上的影子。我們坐在洞穴之中，背對著入口，將牆上的影子當作外面所發生的一切。我們受到束縛、沒辦法轉身，也不知道真相。要是有人解開了其中一名囚犯的腳鐐，並將他強行往外投的光亮處拖拉過去，會發生什麼事呢？「你難道不認為他會很惱火地覺得這樣被迫行走很痛苦，等他來到陽光下，他會覺得兩眼直冒金星，根本無法看見任何一個現在我們稱作真實事物的東西。〔……〕是的，他不可能馬上就看見。」

人們會避免自己受到知識的傷害，而且他們無法一開始就清楚辨別知識的真貌。如果有人認出知識，然後朝還在洞裡的人走去，認出知識的那人就必須留意他所說的內容。因為缺乏可追溯姓，根本無法讓其他人的無知開化。

起初，我們只看見影子與幻象。這是我們生命中最長，也是學習範圍最廣的時期。對於事物的精確觀察是感知的第二階段。人們可以透過警覺更敏銳地感知物品以及生物，但這時仍然是依賴於感官的感知。對於柏拉圖而言，任何形式的物質都是多少有缺陷的劣質品。只有關閉身體並且進行思考的時候，也就是仰賴純粹的心靈，才能認出真實與美好。很少有人能進展到他所描述的那種境界。在知識的終點就是絕對的真理，他稱之為「理型（Ideen）」。我們只能透過哲學才能到達那裡，只有哲學才能進行「理念看視」，也就是從純粹的概念中獲取知識（這所有的一切——對身體的敵意、精神化的思想、對於良好的精神與罪惡的軀體的思想等等——此外，尼采曾說：「基督宗教是以柏拉圖為民。」）柏拉圖從這個知識的金字塔中得出了結論：每個政治家都一定要成為哲學家，要是做不到這一點的話，那就應該讓哲學家當國王。如果哲學與權力沒辦法合而為一的話，「那苦難就不會有結束的一天，不是因為城市也不是因為〔……〕，而是因為人類。」

在這種教育倫理學中，理性是最崇高的進步工具，它既美好又公平。人類的內在具有理性的天賦，也就是美好的天賦。如果某個人做了什麼邪惡的事（這也確實經常發生），那他絕對不會在有完全意識的情況下做出相同的事；不會有人在了解所有情況之下，「自願地」去傷害自己與環境。那些會去做壞事的人，只是因為他誤把不好的事當作好事而已，如果有人過於聽從自己的衝動或是邪惡的榜樣，就會變成邪惡之人。因而就柏拉圖而言，惡人不是壞人，只是愚笨而已。因此人類迫切需要一個遏止邪惡的教育系統。

對他而言不存在有些人善良卻愚笨，其他人聰明卻邪惡的情況。他也不會侷限自己的理性概念，也願意對此進行討論，譬如：是否有時候不理性也屬於幸福生活的一部分（當然並不會將其視為長久的生活方式）。

他的使命就是對於光的追求，以及拒絕享樂主義和其他的享樂理論。整個柏拉圖倫理學的基礎是建立在偉大的理想主義與人文主義之上，而柏拉圖也毫無疑問地是文明的先驅者。他的思想時至今日仍然活躍，而且幾乎比所有希臘古典時期的理論都更現代。在佛洛伊德的精神分析學（Psychoanalyse）以及基督宗教的核心中都能發現柏拉圖的身影。他也制定了教育學的形式。人們會崇敬偉大的思想家，但是不會追隨他，這或許就像是洞穴人的盲目。人們或許會讓那個從山洞裡爬出去又復返的人明白，「他上去走了一趟就把眼睛弄壞了，因此連產生上去的念頭都是不值得的嗎？要是那些囚徒有可能抓住這個想要解救他們，把他們帶出洞穴的人，他們難道不會殺了他嗎？」

伊比鳩魯的快樂原則：幸福生活即沒有痛苦的生活

希臘的擴張停滯不前，傳統的價值觀與宗教信仰的觀點都失去了影響力。一百年前，柏拉圖與他的學生亞里斯多德仍然想出了偉大的社會概念，並且把所有希望都寄託在國家之上，但是約西元前二九〇年，幻想破滅了。和往常一樣，如果在變革的階段沒有得到外部的支持，人們就會退縮。最早的畢德邁爾[30]——古老的豐富內心世界開始活動。人們再次發現自我與日常生活的小樂趣。「我要對一切的高貴事物吐口水！」伊比鳩魯代表大家這麼寫道。如果無法創造出至少一件事物——欲望的話，我們也不需要驚嘆於英雄和高貴的事物！

欲望又再次出現了。它受到柏拉圖蔑視，在教會又受到高層約束，但欲望慶祝

30 譯注：畢德邁爾（Biedermeier）：指德意志邦聯諸國在一八一五年至一八四八年的歷史時期，現則多用指文化史上的中產階級藝術時期。

著它的復興，而且伊比鳩魯成了它最大的擁護者。他提出了一個新的享樂主義，但這不再似從前阿瑞斯提普斯的享樂主義般快樂、直接了。

我必須明確地說，享樂主義並不是一個古老的詞彙，我使用它只是方便起見，而且它的意義在今日廣為人知。叔本華是第一個從希臘字詞hedone（快感）創造出新名詞的人——「Hedonik（快感學）」，這用以描述時代精神的現象。一個隨時會出現，而且永遠不會真正消失的現象。即便再過一百年或是五百年，人們一定也會很輕易因為享樂主義者（Hedonisten）而激動，就像在古時代晚期與中世紀一樣，激動譴責他們是不道德的，例如伊比鳩魯的著作就遭到刻意抵制與破壞，直到十八世紀才再度出現在眾人的眼前。

伊比鳩魯是一位謹慎而且有所防備的享樂主義者。「生物一旦誕生便會努力追求快樂，並且將快樂當作最美好的事物而歡欣鼓舞，將痛苦當作最巨大的邪惡而逃離。」每個行為都有獲得快感的動機，就連「高貴和精緻的事物也是如此」。但是，他並沒有從中得出無條件屈服的自私結果。「只要你現在不違反法律、不違反禮節規則、不冒犯任何鄰居、不傷害自己的身體、不浪費生活必需品，那你就照自己的意願，隨心所欲吧。」他如此寫道。伊比鳩魯是首次以他的快樂原則，深思熟慮對於社會的影響，進而制定一個社會可以接受的享樂主義的人。

「隱居」是他的座右銘，因為他既不想追求會帶來不快樂的公共生活，也不想公開自己的欲望而打擾到他人。對他而言，人們以智慧的傲慢看待享樂的這種誤解是來自於快樂的本質，順帶一提，這個誤解至今仍非常普遍：人們認為快樂是一種會無盡增加的現象，無止盡的事務要怎麼代表最高的價值呢？如今人們試圖透過消費來累積快樂。每一個對於新車、新女朋友、上一次度假，沒能帶來足夠快樂而產生的失落，都感應該要進行反思。

每個運動員都知道訓練若是過度，終有一天會物極必反，一切的努力反而會變成害處。你可以愉快地喝酒，但要是喝得過多就會喝醉，會難受想吐。機器可以藉由一定程度的能量來啟動，然而每增加一倍的能量並不會產生加倍的性能。這一切都有物理上的臨界值。

伊比鳩魯深知這一點，因此對他而言所有批評都是錯誤的。快感當然有絕對的臨界值，而這個界線就是無痛，最多就是這樣了。如果我們達到這個臨界值的話，就表示我們處於快感的最高點。任何一種快感超出這個臨界值，就會改變並且產生變化，但是不會再上升，一切對於數量的追求都會落空。快感沒辦法從主動消費來獲得，如果有人嘗試這樣做，並且故意超過上限，那麼最極致快感的狀態會轉變成痛苦。一再地消費，然後充滿絕望，他會因此越來越不開心、更傷心、更加沮喪。「每個人都會因為不間斷的活動而死亡。」最後就會像伊比鳩魯提出來的這樣。

人需要有對自己快感的極限有合理的判斷能力，這會讓人避免很多事物——並不是因為道德或是責任感，而是純粹因為這件事無助於快感的產生。因此，每個人對於所有事物中都應該謹慎而節制。能夠明智地評估自己的才能、財務能力、社交，並審慎與之應對的人，便能避免失望以及其他痛苦。

「所有事物之中都有一個範圍，這個範圍往左或往右都不存在真理。」賀拉斯[31]如此說道。這種範圍存在於所有情況當中，而且是非常個別的。每個人對於容忍度、無疼痛感，都有他自己的極限。對於某個人而言太少，對另外一個人來說可能太多了。

因此，伊比鳩魯無疑是出於個人的角度在思考。他提出了一個禁欲式的享樂主義，讓我們透過維持在臨界點範圍內的方式，找到快感並且保留它。如同歐伊

31 譯注：賀拉斯（Horaz），西元前六五至西元前八年。古羅馬文學黃金時代的代表人物之一，為詩人、翻譯家，著有名作《詩藝術》。

根—瑪利亞．舒拉克所認為的，伊比鳩魯把快感除魅（entzaubert），褪去它最嘆為觀止的現象形式：淫欲的面向。沒有狂歡放縱，而只有發乎皆中節的行住坐臥。這個尺度正是那讓美好生活在其中開展的和諧。

天主教的博愛：幸福生活即憐憫的生活

古希臘已然成為過去，羅馬人吸收了它。他們並沒有摧毀掉希臘文化，而是建立了自己的文化。眾神與神話故事都被替換掉，希臘文化也成了羅馬文化。政治世界從根本上完全改變了，但是個人的日常並沒有如此劇烈的改變。當時與過去一樣，有著統治階級以及被奴役的階級（貴族與奴隸）、暴力與恣意在當時無所不在，而且只有羅馬公民（以及從前的雅典公民）受到法律保護。於是享樂主義的力量得以擴散，這是一個革命的時代。

來自拿撒勒的工匠——聖若瑟，發覺整個社會現象就和四百年前的柏拉圖時期完全一樣。他所看見的暴力與恣意讓他感到作嘔，於是他開始思考一個更美好的世界，並且開始談論它。大家專心地聽他講述，至少大部分受到壓迫的人同意他的看法。而耶穌的信息具有革命性，是當時人們前所未聞：所有人都是平等的！這與整個人類歷史相互矛盾，因為人類的歷史是一段不公平的歷史，當然這阻礙了現在。他對受壓迫的人們喊道：「你們是大地的鹽〔也是〕世界的光。」

耶穌爬上一座山，然後對著百姓說：「那些受苦難的人們是有福的，因為他們將會得到安慰；那些溫順的人們是有福的，因為他們將擁有土地；那些挨餓且渴望正義的人們是有福的，因為他們將得到溫飽；那些仁慈的人們是幸福的，因為他們也將會得到慈悲。」

仁慈！對基督教——因耶穌佈道而產生的宗教團體而言，這是通往幸福生活的關鍵。「你對我最弱小的兄弟們做了什麼，就是對我做了什麼！」耶穌所要傳達的訊息為：我們是為了彼此而存在的，我們應該對彼此有益，而且當他人身處緊急危難的時候，我們應該幫助他。如果每個人都這麼想且也這麼做的話，這就會是幸福的生活。對所有人來說，這個世界就像是被棉花填滿的空間，如果有人在這裡跌倒，並不會摔傷，而且一定會被攙扶起來。我們要愛周遭的人如同愛自己一樣。博愛代表著基督教倫理核心的慈悲，因此非常重要，因為所有靈魂在上帝面前沒有貴賤之分，就如聖經裡所說的一樣。不論在人間的狀態為何，每一個靈魂都要接受審判。

這是一個對當時過於巨大、無法理解的訊息。希臘人與羅馬人真正代表了不同的倫理概念。那時任何強大、美麗或睿智的事物都令人欽佩，而且被置於等級制度中的最高階。如果有人同時具備這些特質的話，就會是當時的超級明星。對其他人來說，強壯、美麗與睿智適合作為榜樣，這個榜樣會產生刺激與鼓勵的效果，能將社會往更美好的方向推進。蘇格拉底的長相是當時公認非常醜的，但是他的聰明睿智優於一切，就這點而言他適合成為社會的偶像。但是在希臘與羅馬文化中，沒有人需要貧窮、其貌不揚與虛弱，大家對此沒有理解與憐憫。這並不是挖苦，而是單純就是社會政治有效率地打算。人們會注意到虛弱的人與不適合服兵役的人的存在，並且會聳著肩地將他們篩選出來。

突然間，人們覺得要保護弱者並支持那些誤入歧途的人！多麼新穎的理念啊！仁慈的撒馬利雅人的故事，有著越來越強大的影響力，如康拉德・史托克（Konrad Stock）在其著作《基督教確定論（*Theorie der christlichen Gewissheit*）》中所寫的那樣：「使〔……〕博愛的誡命完全具體化，成為躺在路邊將死之人的救濟。」醫院的發明是源自基督教的偉大成就，這一個名副其實的文化壯舉，就和柏拉圖的教育理念一樣偉大。

時至今日已經經過約兩千多年，我們對於博愛非常熟悉，平等的觀念也曾以共產主義的形式進行了政治上的檢驗——而我們也對此醒悟。基督教與共產主義之間的關聯並沒有實際看起來的那樣荒謬。受到「所有靈魂都平等」的啟發，早期的基督教團體得以在共產主義的地區流傳，而後來的共產主義也從平等主義中汲取它的倫理力量，形成一種基督教平等觀念的政治形式。然而，作為基督教支柱的平等主義，卻被證明是非常脆弱而且無法持續的。不論是共產主義，或是成為基督思想行政機構的天主教會，兩者都形成了一種「比平等還要更平等」的人類階級。當分級制度以及權力結構出現，也就意味者不平等變得越來越明顯。最初聖餐禮是一起進行的，而且沒有牧師或神父。然而這一點很快地就改變了，他們成了「上帝在人間的代表」（超群卓越的權利要求！），開始穿著與花俏的長袍，甚至開始以難以理解的、神祕的拉丁文進行彌撒。也許在上帝面前，所有的靈魂重量都相同，但很明顯地，在人間的上帝代表面前是不一樣的。

基督教倫理中的平等概念被認為是失敗的烏托邦，但博愛仍是幸福生活的基礎，現在也持續具有強大的影響力，它被作為人人平等的另外一個基礎，後來叔本華以及他的同情倫理學也是奠基於此。

然而尼采冷漠地質疑基督教的倫理是否有益於全體的幸福生活，因為人人平等與制度化的博愛可能是奴隸們所想要，但貴族肯定不想要的東西。因此我們必須把基督教看作是奴隸的宗教，它代表了弱者、無助者與不符兵役資格者的利益。這只不過是一種弱者之間的團結。它的確合法，但這會往哪個方向邁進呢？如尼采所言，會邁向衰弱與頹廢。如果所有人理應平等的話，那麼強壯之人與虛弱之人都會在人人都可以到達的地方相遇：即軟弱之處。

困境不只是命運的結果，其實也是錯誤行為的結果。人不僅只受到較高的權力影響而變成博愛的個案，還會因為愚蠢、非理性、狂妄自大、頑固——這些能夠自由選擇的行為而轉變。因此，博愛也意味著容忍甚至鼓勵有害的行為。那些沒有受到處罰的事物仍繼續。「在總體結算中，」尼采這樣說，「宗教屬於〔……〕讓人類類型停留在較低層級的主要因素——他們接收了那些應該要滅亡的事物。」從另一個方面來看，他粗魯地反對基督教的原則，因為人們根據這些原則抓住那些跌倒的人，簡單地說：「那些快要倒台的事物本來就應該要推翻。」

不要想得那麼嚴厲的話，這僅僅意味著不應該奪走人們跌倒與失敗的機會，因為只有在體驗到錯誤行為的後果，才會產生學習的效果，這個學習效果會確保錯誤的行為被克服，沒有機會再次發生。關於失敗會有痛苦，但也有所淨化。

因此，基督教的倫理在理論上是神聖的，但實際上非常人性化而且相對的。它發展出自己的辯證法，本身並不會帶來美好的生活，但是肯定會在積極善良的人身上產生好的良知。

黑暗時代：彼岸的幸福生活

對幸福生活的思考才剛充滿希望，卻又再度消失了。直到十六世紀，我才在約翰．喀爾文（Johannes Calvin）身上找到有價值的事物。他首次賦予了我們一個嶄新指引方向的衝擊。在那之後事態又迅速發展，自啟蒙時代開始相繼出現了政治與哲學的模型。

在此之前發生了什麼事呢？難道超過一千年之久都沒有人對於幸福生活感興趣嗎？沒有個人以及社會對幸福的辯論嗎？沒有任何偉大的哲學構想嗎？

沒錯，我們就是這樣看待這段時間的。就在西元四世紀的某個時間點，在古典時代的晚期的，這道光就熄滅了，世界陷入了黑暗。談到中世紀哲學的時候，人們會想到經院哲學家（Scholastiker）們、阿西西的聖方濟各（Franz von Assisi）、董思高（Johannes Scotus）、聖文德（Bonaventura），或許還能從學校所學的知識與搜尋引擊中再提出幾個名字，但是卻無法得出一個知名人物的清單。如果我們真的需要一個偉大人物的話，或許可以把聖奧古斯丁（der heilige Augustinus）納進來。他生活在約西元三五〇年，在當時發揮了其影響力，大致標記著從古典時期到中世紀的過渡。即便人們沒有把他列入名單內，但整個中世紀的哲學很明顯純粹是以宗教為方向的。但這在現在無法想像，尤其這無益於哲學家的健康。有人在八世紀時稱哲學為信仰的女僕，但是在十三世紀時，聖多瑪斯（Thomas von Aquin）對於什麼是幸福已經有了清楚的想法：幸福的存在僅是為了看見上帝的容貌。我們已經清楚知道幸福生活在哪裡了——並不在這個世界上。

在缺少基督教倫理的狀況之下，基督教在歐洲中世紀取得空前絕後的勝利。人人平等與博愛的思想並沒有引起注意。因此或許更可以說是天主教教會的勝利，正是天主教教會把那道光給熄滅了。於是一場信仰與理性之間的千年戰爭就此展開，如同盧齊安諾．德．克雷斯恩佐（Luciano de Cresenzo）所說，「有無數的信仰勝利，卻幾乎沒有任何理性的勝利。」伏爾泰（Voltaire）在他關於信仰容忍（Religionsduldung）的論文中寫道，在基督教出現前，人們找不到任何一個因為自身宗教信仰觀點受到迫害的人。但是現在情況完全改變了。

幸福生活變成在天堂中的幸福生活，人們只能在那裡才能找到幸福。這種承諾贏得了人們的信任，越來越多生活立刻變成地獄。所有生活都以信仰為中心，意味著必須消除任何形式產生的懷疑。人們與書籍都被送上了火刑台，最終人類失去了知識。

就這樣，日常生活成了對比鮮明的遊戲。「在苦難與快樂之間、不幸與幸福之間，這個距離似乎比我們之間的距離還大。」正如約翰・赫伊津哈（Johan Huizinga）在他關於中世紀生活與精神型態的學術論文中所提到的，「當時給予不幸與殘疾之人的緩解比起今天要來得少，他們變得越來越嚴重，也越來越痛苦。疾病與健康的區別更大。」因此，名譽與財富實際上也是遙不可及，儘管如此，人們仍在貪婪地追求，因為現實充滿了悲慘的貧窮與痛苦。重大的事件（出生、結婚、死亡）都閃耀著神的奧義光芒，教堂的鐘敲響了日常生活開始的信號。如果選出了新的教宗或是達成了某個和平協議，所有教堂與修道院的鐘會敲響一天一夜。這是如此令人陶醉卻又令人恐懼，教會的遊行與死刑的執行，兩者無止盡接連在一起，成了人民精神與文化上的糧食。這一切都變成了道德的展示品，在這之中極端的殘酷與極端的同情會相互伸出手。曾經在布魯塞爾，有一個殺人犯被鏈子綁在用稻米桿做成的巨大十字架上（當時的人們對於發明酷刑非常有想像力），而這名年輕人轉過身來以動人的字句面對人群，因此讓眾人都潸然淚下，並且記錄下這件事。「他生命的結束被讚譽為人們所見過最美麗的。」（引用自赫伊津哈）這是一個極端對比之中的生命。赫伊津哈在他的著作《中世紀之秋》（*Der Herbst des Mittelalters*）中以非常詩意的方式寫道，生活會充滿童話般的色彩。強烈的內心情感打動了人類，而世界成了一個所有事情在最壞的意義下皆有可能的地方。除了冰寒冬季、糟糕的醫療照護、不間斷的專政跋扈（每個人每天都可能陷入危險或上戰場），以及政治動盪等真正的可怕事情之外，魔鬼、惡魔、龍與巫婆都能威脅人類。

樂觀主義是一種心態，它要到文藝復興開始時才再度流行起來。在中世紀充滿了痛苦以及絕望，因此當時的人們對於幸福生活有著巨大的渴望，但是當時人世間唯一可行的方式受到阻礙，這個方式包含了讓世界**變得**更好，也就是伸出援手。中世紀不知道這樣的追求是何物，無論世界和過去一樣好或是一樣壞，只是因為上帝下達了所有的指示，所以必須這樣做。人世間沒有任何希望，人民普遍缺乏為自己與這個世界做些什麼事的堅定意志，因為天主教會抹煞了任何形式的個人生活內容。這是信仰的完全勝利。美好的世界在別的地方。「對於永遠幸福的思鄉情懷，讓俗世的存在過程與形式都不那麼重要了。」（赫伊津哈）；所以與日常生活唯一相關的事，就是維持道德並且端莊地生活。當時禁止中世紀人們的所有享樂，只有在追求美德的時候才會允許閱讀，音樂是用於服務提升與神性；純粹的喜悅是有罪的。任何形式的生活美化對於新興的清教徒而言仍然屬於俗世的，所以有罪。

順帶一提，認為一切都掌握在上帝手中的宿命論有一個很有趣的結果。如果一切都是預先確定好的話，那麼人也沒辦法自由地決定要相信還是不要相信。他的信仰或是無信仰，都是因為我們無法確定的原因而被賦予的。但是也沒有人可以，而且也不允許被迫相信。從邏輯上來看，絕對的宗教自由也是由這種預先確定所產生的。不過神聖的宗教裁判並不在意這些諷刺的鑽牛角尖，相反地，它以特別不公的方式迫害早期宗教改革的團體，例如瓦勒度派（Waldenser）或是卡特里派（Katharer）的教徒。他們在追求真理與善良這方面毫不妥協，過著和當時使徒一樣貧的生活，拒絕服兵役，最重要的是拒絕天主教會的指令。甚至在路德（Luther）更早之前，他們就認為人們自己本身就和上帝有所連結，並不需要牧師。

中世紀其中一項偉大的成就就是經院哲學。在西元八世紀時，查理曼大帝（Kaiser Karl der Große）在許多地方設立學院（Scholae），這是一個克服無知與迷信的嘗試。但就算在這裡信仰也是人們的首選，長期下來導致只剩下「要不保持愚笨，要不變得宗教狂熱」的選擇而已，如同克雷斯恩佐所說的那樣。但是，這畢竟還是教育系統的一種形式，至少在中世紀晚期（十三世紀）時讓信仰與理性能夠分開並存。

在世紀交替之時，人們害怕著那個會從海裡浮出來，有著七顆頭、十對角與褻瀆神的名字的野獸。這記載在約翰福音中，於是神父們在西元九九九年末時盡一切努力來激發這種恐懼。由於完全不精確的日曆演算，世紀交替之際一下子出現在這個地區，一下出現在那個地區，但不變的是各處都激起了同樣的恐慌，聰明的騙子藉此騙到了許多錢。在西元一〇〇〇年的一月一日，令人驚訝的是，太陽仍是從同一個地方升起。

義大利的文藝復興始於約西元一四〇〇年左右，這場文藝復興想把人世間的快樂帶入千年之久的黑暗之中，而這道光就叫做美學。政治、日常和生活本身然仍無法改變，但是突然之間人們看見一條通往幸福的道路——也就是在美麗之中過生活，即創造自己的存在以及賦予它一個美麗的形式。此時藝術蓬勃發展，將生活發展成一種藝術形式是很中世紀的想法（詩歌、高尚的騎士），但是文藝復興將這種意識形態發展到完美。「文藝復興」意思是「再生」，而（歐洲的）世界重生為美學的世界。雖然對罪的意識仍然非常強，但是「讓自己穿上了美德的外衣，美就成了一種文化。」（赫伊津哈）這點它做到了，形成了宮廷的儀式以及極端的禮貌。人們爭先恐後地讓其他人先行；自然地邀請陪自己到家門口的人進家門，那個人也同樣自然地禮貌拒絕這個邀請。這一切都在長期的抗拒與親切之間來來回回。連在戰爭中，也不容許違反任何禮貌形式的行為。禮儀成了道德，違反它更成了一種致命的侮辱。

異教徒一如既往仍然會被燒死——勸善的佈道家（Bußprediger）薩佛納羅拉（Savonarola）於一四九八年時在佛羅倫斯被處以火刑；詩人焦爾達諾·布魯諾（Giordano Bruno）於一六〇〇年在羅馬被處以火刑，因為他提出了宇宙的空間、時間的無限性。但是人們慢慢地從教會的束縛中解脫，並且借助美學回到這個世界。布魯內萊斯基（Brunelleschi）為佛羅倫斯的大教堂的圓頂大膽地設計出一個巨大的草圖，因此與中世紀的精神背道而馳——他敢於嘗試新穎且具獨創性的事物。瞧！上帝並沒有懲罰他。這個令人難以置信的圓頂保留下來了，而且今天還能讓人參觀。當時又再次允許人們思考新的事物、想要的更多，人們獲得了重生，能夠再次主動地對幸福的生活進行嘗試。

基督新教的工作倫理：幸福生活即神的賞報

教會領導階層的墮落生活方式，以及神聖羅馬帝國皇帝查理五世（Karl V.）專心於義大利、荷蘭以及勃根地的事務，導致德國的權力真空，這兩者埋下了十六世紀宗教改革的種子。教會對於真理的絕對主張，遭到教會內部的抵制，聖彼得的大赦成了壓垮駱駝的最後一根稻草。那些犯了通姦、謀殺與欺騙行為的教會領導階層，開始以資助聖彼得大教堂修繕為由，進行大規模的贖罪券買賣。這成了改革的導火線。接下來路德提出了著名的論綱，其核心表明每個人都能直接與上帝對話，並不需要中間人。許多人認為這是很好的概念，尤其對受奴役的農民們而言更是如此。於是大規模的農民戰爭展開了，農民在戰役中要求自己與上帝的連結，他們不想要付款給教會，也想要成為自己土地的主人。

神學家與法學家喀爾文和反天主教一樣嚴守教義。最初的起義之後，他在日內瓦的宗教改革工作受到高度認可。他在一五五九年創立的日內瓦學院成了喀爾文主義（Calvinismus）的精神核心。喀爾文完成了一項壯舉，也就是透過將基督教與物質的追求結合在一起，為現代資本主義奠定了基礎。他認為，人們一方面追求財富和名聲，卻因為受到基督教倫理的束縛而感到羞恥，根據這樣的道德準則，成就、錢財、富裕，尤其是歡樂都是被唾棄的。那些賺錢的人覺得，自己和因為放高利貸而被耶穌趕出聖殿的人一樣。

喀爾文理解到，虔敬是件好事，追求成就也一樣。他將兩者正確的結合在一起，並且考量到博愛的價值，也就是幫助貧困與瘦弱之人是有必要的。但是如果我們自己又貧窮又瘦弱的話，要如何樂善好施並從而對上帝虔誠呢？因此這就有必要創造並實現繁榮，上帝當然愛著貧窮與需要救濟的人們，但只有在富足之人存在的時候才能展示出這種愛，畢竟總要有人可以捐錢給貧困之人。

因此，他創造出一種明顯不同於基督徒的工作倫理。工作需要忍耐，人們必須辛勤地工作才行。對基督徒而言，工作往往被視為不幸與懲罰。亞當因為自己的過失，失去了住在伊甸園這個什麼都有的俱樂部的權利，**工作**就是對他墮落的處罰。如今，在受到基督教影響的國家中仍會發現這種消極的、基督教的（實際上是天主教的）工作倫理，同時也有許多生氣蓬勃的節日文化。沒有人像天主教徒一樣擁有這麼多節日，而且他們因為神話的原因非常不喜歡工作。

但是喀爾文主義重新將工作做了新的、正面的定義，工作成為幸福生活的核心。幸福生活就是勤勞的生活，這帶來了社會認同、尊重與名譽，抱負、勤奮與節儉是可以自豪地顯示出來的美德。這些道德支持自然會促進經濟成功的行為，人們開始勤奮地進行貿易與賺錢——以上帝之名以及為了他們自己的幸福。

喀爾文更進一步告訴人們，在人世間過得很好的人就是受上帝所偏愛之人。所以，幸福生活不只榮耀上帝，還是受到上帝所愛的象徵。上帝會握著有抱負而且變得富有的人的手。喀爾文接手了當時路德也捍衛的宿命論，他認為人類不能隨意求助上帝的恩惠，因為上帝的恩惠是引導人類的意志，一切都掌握在上帝的手中。路德認為，這個出於心靈治療的理論能令人感到安慰，它減輕了個人的負擔，而且使人能更容易接受自己的命運。我們可以把它理解成類似印度的種姓制度，種姓制度被視為與生俱來的宿命而被所有人接受，對於成功的追求與個人的反抗都徒勞無功，一切就如同它該有的樣子，因為它就是如此確定的。

喀爾文完全接收了這種思維形式，不過是基於追求成功的前提之下。他說，富有是上帝的恩賜，但是你卻沒有掌握在手中。如果你很富有的話，那就是上帝恩典的象徵。當然每個人都想要表現出上帝對他們伸出了手，所以採取了相應的行動。每個人都為了自己的福祉辛勤工作、節省、勞動，最後再也沒辦法分區分原因與結果了。大家是因為上帝的照看而富裕嗎？還是因為大家非常努力地工作，才讓一切看起來像是上帝在照看他們？結果都是一樣的。我不認為喀爾文是故意利用或貫徹這種心理技巧，事實上他相信宿命，因為他是一位非常虔誠、嚴謹的宗教改革家。他只是偶然發現了一把改變的鑰匙，使得喀爾文教派的教徒們也因此變成有自信的商人。

他們被公認為是敬畏上帝的一群人以及——我們可以這樣稱呼他們——資本主義者。資本主義起源於德國、英國與荷蘭等新教國家，並且成為新世界的創使宗教。那些將喀爾文主義職業道德與博愛結合在一起的人們，至今也是公認極富聲望且富裕的人。

康德的定言令式：幸福生活即遵守法則

如同哥白尼在十六世紀初對天文學的影響一樣，德國哲學家康德在十八世紀時，以他的道德形上學（Metaphysik der Sitten）將思想帶往新的境界。他克服了過去受宗教所影響的思維形式，重新徹底檢視了生活，並把理性帶出了地牢。康德藉由這種方式奠定了一個新的倫理基礎，並為理性的科學帶來了可能性。

在這段被稱為「啟蒙運動」的時期，皇帝的君權神授說走到了盡頭。普魯士的國王腓特烈二世（Friedrich II.）稱自己為「國家的第一公僕」；約瑟夫二世（Joseph II.）在「一切為了百姓，但不求百姓回報」的格言下進行統治。

康德和當年的柏拉圖一樣，把理性視為人類內在必須被喚醒並且使用的天性。柏拉圖的目標是達成「理想的世界」，但這對康德而言太過模糊、抽象了。康德認為人類行為的原因與目標完全是世俗與人性化的。存在的邏輯秩序僅能透過自我來展現，而非透過不明確的宇宙力量。人類已經受夠了，所有的迷信、邊緣科學會導致知識的混亂，使得人們不再明白知識到底是什麼。康德認為，人們只是在那個知識絕對不可能到達的地方，頑固地尋找可信的知識。存在、絕對、上帝的本質——這一切都很美好，但是不存在知識，只有信仰。對康德而言，這些都是「干擾」人類理性，卻無法透過理性搞清楚的話題。

康德是一為真正的啟蒙者與科學家。他假設了一種永恆不變的理解法則作為理性的真正原因。理解是具有特定遊戲規則的條理系統，它可以看清自己的環境，也可以想像出非常多的東西。這兩者是不同的，一種是科學知識，另一種是想像力和創意。

理解的最基本規則之一就是對空間與時間的感知，外在的一切都感知不到。另一條規則就是因果關係，如果拍手的話就會產生聲響。理性尋求的就是那些**如果**怎樣**就會**怎樣的關係。

純粹的幻想不需要時間、空間或因果關係，我們所能想到的一切遠比我們所認知的事物還要廣泛。康德藉此非常有邏輯地描述：知識是什麼？——即判斷識別；知識不會是什麼？——即我們所推測出來的事物。如果我們猜測的事物與感覺、理性法則相矛盾，這仍然是可以繼續思考的，我們就只是在思考「知識」以外的事物。

這得到了解放，因為認知的定義如此明確。花時間在人們無法證實的事物的這件事，對知識論而言非常荒謬；然而對康德而言，這對他「純粹理性的批判」產生了深遠的影響。我們的認知能力受到特定參數的限制，因此我們只能看清感知能力範圍之內的事物。「所有的錯誤都是因為我們認為確定、推導或是分類的方式，是基於事物本身的條件。」[32]（康德）然而這只是我們感知的條件而已，「事物本體」仍舊對我們隱藏。這個世界就是我們感知的世界，為了能夠完全認識世界，我們必須親自將秩序傳授給它。如果某件事情看起來井井有條，那是因為我們已經安排好了。混亂的事物也會有秩序，只是我們無法察覺，因此它對我們而言仍是混亂、無法感知的。

因此康德是建構主義式的哲學創始人，建構主義借用了康德的洞察力，也就是認識世界與建構世界是同樣過程的觀點。理解的力量多麼不可思議啊！他提出了一種對於自然的詮釋模式，這種模式並不混亂或任意獨斷，因為一旦依照著理解的規

32 譯注：出自：康德《耶舍本邏輯學講義》（*Jäsche Logik*）。

則，各種感知「會由關係決定，並且判斷是客觀的。」（康德）

感知與認知的規則是與生俱來的，也就是說人類天生就具有理性的本質，而且這個本質屬於思考、向前進、產生認知的「原始天命」。我們必須成為自我——理性的人。因此，生命的目標就是發現那些沈睡在我們內心的理性。

於是在柏拉圖之後，幸福生活再次成為一條將自我從「自己招致的未成年狀態」[33]（康德）引導出來的認知之路。幻想在此沒有立足之地。理性意味著能夠區別可識別的事物與可思考的事物，對康德而言，這只能透過感官的經驗來進行。

理性的完整復活通往一條理性存在的生命指引——即康德著名的定言令式。如他在《道德形上學》（*Metaphysik der Sitten*）中寫的：「除非我的箴規成為一個普遍的法則，否則我不該採取其他行動。」這讓人想起諺語「己所不欲，勿施於人」，但這遠不止於這層含義，因為康德口中總說著「原則」。「你也會希望，你的箴規能成為一條普遍的法則嗎？」他從其他的角度來問。「絕對不會，這樣的話它就會受到譴責。」

33 譯注：語出康德《答何謂啟蒙之問題》。中譯見：《康德歷史哲學論文集》，李明輝譯，聯經出版，二〇一三。

例如，我們知道自己在困境中不會遵守承諾的情況之下，還會給出承諾嗎？「我能夠對自己說：如果有人處在窘迫的處境下，無論如何都無法從那困境中脫身的話，那麼任何人都會做出不真誠的承諾嗎？所以很快地我注意到，我雖然說謊了，但我不想對普遍的法則說謊。」因此要是這個箴規變成普通的法則的話，可能自我毀滅。

康德在這裡精確地描述了個性與一般道德之間的矛盾，這種矛盾在生活中無所不在，因為個人的欲望沒辦法總是符合普遍的道德。對康德而言，個性不是問題，他和柏拉圖一樣，是崇高的政治哲學家與法律條文的鐵匠。很難想像個人道德與國家道德並存，因為只存在一種道德準則——國家的道德準則。如果一個人順應定言令式的話，就會存在安全與「永久的和平」，也就沒有什麼好抱怨的了。

一七九五年正好是《道德形上學》出版後十年，康德以《永久和平論》（*Der ewige Frieden*）為題發表了著作，並在這本書中對於定言令式加以討論。這是人類的歷史中，首次有人敢為全部的人類撰寫道德。康德未必注意到文章的這個面向，僅是從他的發現進行對國家繁榮共存的反思。世界變得越來越緊密也越來越複雜，因此第一個關於幸福生活的廣泛理論的時機也已經成熟了。

他認為，人類的「自然狀態」是一種好戰的狀態（對我來說就是吃掉或被吃），「儘管並非一直有敵意行為之爆發，卻不斷有敵意行為之威脅。」因此必須建立和平。康德開始著手於此，他強調「但是完全在自然狀態中的人（或民族），正由於這種狀態（他與我共處這種狀態中），便已使我失去了這種保證，並且傷害了我。他雖然並未實際上、卻由於其狀態之無法紀而傷害了我，故我不斷地被他所威脅。」擺脫這種潛在威脅的唯一途徑是：「所有能相互影響的人必須隸屬某一公民憲章。」再者：「每一個國家的公民憲法都應該是共和政體的。」康德首次使用了「世界公民權（Weltbürgerrecht）」一詞，雖然這種權利實際上並不存在。他把世界看作整體，並認為「一個普遍的人類國家的公民而言（ius cosmopolificum）。〔……〕因為這其中只要有一者處於對他人有自然影響的關係中，並且還是處於自然狀態中，這將無法避免戰爭狀態，而此處正是要擺脫戰爭狀態。」[34]

儘管內容很多，但是請務必再次閱讀上一段。康德敏銳而且縝密地提出了看法，他藉此創造了近代所有文化與道德帝國主義的基礎。康德在十八世紀末出於歐

34 譯注：引文中譯見：《康德歷史哲學論文集》，頁一七八。

洲明顯的優越感，撰寫了他全球性的定言令式。他如何想像他的德國、整個世界在面對困境時會怎麼行動呢？每個人必須變成像是「我們」一樣，否則我們必須把它視為處在危險的自然狀態中。如果只有一個國家沒有共和體制的憲法，那這個國家就會是一個威脅——嗯，那又怎麼樣呢？這樣一來，接著人們可能就會有在軍事上先發制人的道德權利（康德從未提過，但可以察覺得到！）。

這種進退兩難的處境始於康德接受柏拉圖式的假設，即所有人都具有一種理性的特質。這個概念在柏拉圖的時候並沒有問題，因為當時的希臘世界是可控制的。柏拉圖對於華人或愛斯基摩人的「真相」並不感興趣，他身在希臘只為希臘著想。這就是世界的界線。到了十八世紀時則不然，世界變得更加政治與全面，然而康德保留了這種假設：所有人之中只有唯一一種理性，因此只有一種需求與價值觀。他當然不是傲慢或是支持帝國主義的，他只是單純這麼認為而已。他也根據自己的前提創造了自己的世界。康德的《永久和平論》似乎是美國現在的榜樣，美國同樣也想要把它的世界觀套用到全世界。根本無法想像，在我們過得這麼好的時候，卻有人不想像我們一樣過生活（我現在指的也是歐洲人，也包含你——親愛的讀者沒錯）。各國為了輸出他們的世界觀與「永恆的和平」，而在世界各地插手干涉他國的內政。

如果大家都像我們一樣就好了，那將會是幸福的生活！中國武裝併吞了西藏，因為它斷定西藏的世界充滿了剝削的制度，所以想要「解放」農民。只因為共產主義的世界觀可以把勞動農民的體制和為靈魂祈禱的僧侶，解釋成「無產階級」以及「資產階級」，雖然中世紀的藏族文化的確荒唐。想當然爾，豐富蘊藏的礦產也額外地刺激中國解放的激動。今天歐洲人一再地向中國施加外交壓力，因為他們並沒有像是集會自由與言論自由之類的西方價值觀。

我們今天必須提出的問題是，是否存在可以而且應該適用於全世界的一系列價值觀。而且，真的可以將全球眾多的文化與次文化置於在共同的道德準則之下嗎？

全球化時代對於定言令式的批評就是，每個人都把其他人視為處在「自然狀態」之中，因此把潛在的危險視為自己的幸福生活。人們都喜歡談論世界主義（Weltbürgertum），並始終認為「我們」是公民，其他人更必須是，有必要的話就進行一些輔導。

我總是以「我的行為變成普遍法則」這種方式行事嗎？我應該如和判斷，我適度的行為是否應當成為普遍的法則，而且這是否適合所有人？這對我們適度的行為來說，根本就是太超過的要求了。

自由主義：幸福生活即自由企業精神

十九世紀初中產階級崛起，他們獲得了聲望、影響力與財富。勤奮與正直的工作造就了他們的崛起，社會上的中產階級圈意識到，只要他們帶著這種工作倫理，就能夠達到貴族透過剝削、無理要求，除了生育之外幾乎沒有能力的方式達到的地步。一八四八年，反抗貴族的起義在歐洲各地逐漸擴大，這場革命從巴黎、維也納、布拉格以及米蘭襲捲了整個歐洲大陸。在法國，旨在成立一個民主的國家；在德國與奧地利，自由主義的中產階級爭取的是憲法權利。於是，在奧地利遍佈眼線並代表深刻反動政策的梅特涅親王（Fürst Metternich）被推翻了。

第一個能夠與王室並立的的政黨來自中產階級的自由主義陣營。商人與工匠們都組織了起來，將政治利益掌握在自己手中。在一八六七年的十二月憲法（Dezember-Verfassung）中，這些政黨在維也納交涉後，獲得了公民之於國家法律的明確進展，並且得以實施一系列的自由權利。言論自由、新聞自由、宗教信仰自由、通信隱私、法律保護、集會自由以及學術自由都得到確立，並實施普通義務教育以及教育體系的去宗教化。猶太人的無條件平等得以貫徹，那些富裕的、當年被逐出城市的猶太家庭都回來了。

維也納從一八五〇年至一八九五年間，市長一職都是由自由派的人擔任。都市風格與開放性都結合了獨特的現代化推動。在維也納曾有一段經濟繁榮時期，這段時期的情緒可與加州的黃金熱相互比擬。環城大道（Ringstraße）成為當時彰顯威望的計畫，它的全面擴建使大量的銀行機構如雨後春筍般成立，然而其中一部分的銀行已顯得搖搖欲墜。一八七三年的世界博覽會導致了崩潰。因為人們帶著過度的期望著手這個巨大的計畫，設置了兩百個展覽廳、租金與食品的價格上漲。銀行倒閉，遊客們也沒出現。在經濟崩潰之後，專制國家再度贏得控制權。以呂格爾（Lueger）為首的反猶太主義掌握了握政權。

思想的世界開放性仍維持到第一次世界大戰之前，但維也納在經濟方面失去了短暫的自由機會。奧地利經濟學家路德維希・馮・米塞斯（Ludwig von Mises）指出：「實際上人們只能稍微誇張地說，世界曾經歷過一段自由的時期。」在所有的國家都曾出現過短暫的火花，這產生了持續性的影響。從最初的自由派政黨中開始，出現了德意志自由黨（deutschliberale）、民族自由黨（nationalliberale）與社會自由黨（soziallibérale），進而形成了現代的政黨多樣性。這證明了自由主義的成功，同時也解釋了它的分裂與不一致。時至今日，維也納的自由時期多少還影響著城市的文化形象，而且十二月憲法的條款至今仍然有效。

自由主義爭取到了公民權利，並且堅持著個人的自由。它希望在追求幸福生活的過程中，能夠保護個人並盡量給予滿足。自由也必須擴展到商業行為上，貨物必須能夠自由流通，市場參與者與公共領域之間的關係絕不能受到國家政治的干涉。自由的基本權利可以說是個人對抗國家的防禦權。自由主義抵抗警察、行政機構與教會的涉入。

「自由主義是一個完全專注於這世界上的人類行為準則，追根究底它只注重外在的、物質上的幸福，並間接照顧其內在的、心靈上的以及形上學的需求。」（米塞斯）形上學應該保持私人的歡愉，不應該有公共的規定或是道德化的教條。對自由主義者而言，神秘主義通常都是邪惡的。人們只是想以理性的手段盡可能組織人們在這世界上的共存。因此自由主義既不保證幸福，也不承諾滿足感，「而是盡可能滿足那

些透過外在世界提供的事物，就能被滿足的願望。」（米塞斯）

因此，自由主義是去宗教化的資本主義，一種純粹外在與物質的俗世態度，基於人們永遠不會對國家的控制手段感到幸福。如同一九七四年的諾貝爾經濟學獎得主海耶克（Friedrich von Hayek）指出的，受干涉的經濟總是以專制告終。

我們就不要去管別人！任何形式的干涉都會破壞個人自由，並且導致關係的惡化。如海耶克指出的，沒有人我們人生活的能力。人們已經在創造自己的美好生活。認為國家可以促進個人的幸福或是教育，是一個妄想。知識菁英份子是自己產生的，大部分都是反對國家的阻礙。事實上，真正的天才很少被同儕認出來，就像米塞斯嘲諷的那樣。那麼國家如何認為它有辦法培養具創造力的天才呢？天才正是會挑戰所有流派與規則的人。聰明的人一直都是自己的運氣的模範，絕不會歸功於國家的善意。因為國家僅會創造出會讓創意思維受阻的條件而已，像是讓有創意的中小企業很難累積資本、擴張投資規模，以及快速在市場上站穩腳步的所得稅。許多天才型的小企業可能會因為稅務壓力而被迫永遠維持在小企業的規模。

如米塞斯所說的，自由主義需要的不多，其實以一個字來概括的話，就是財產！人們一定要有機會與權利去獲得財產，這種鼓勵足以動員物質上與精神上，那種會產生新產品、業績與整體繁榮的力量。對於海耶克來說，唯一能進行的調節就是勞動力分工的社會和生產工具的資產。

自由主義不相信人類平等。「大自然不會在其創造中反覆發生，它不會產生任何廉價商品，它沒有任何系列加工。」（米塞斯）每個人都是獨一無二的，自己就是自己。所以大家可以停止說人人平等這種蠢話了。有人可以做到這個，而另外一個人可以做到那個，市場會決定這些能力的價值。但是，法律之前人人平等與自由的這個事實，源自於非常合乎邏輯的市場經濟的前提。只有能以薪資作為勞動結果的自由勞工，會有別於奴隸地盡其所能工作。唯有法律之前的個人自由與平等才能維持社會的和平。

本質上來看，自由主義幾乎對社會主義沒有什麼要求。關於「再分配」，米塞斯指出，只是因為有某些產出進入了再分配者們的貪婪感知中；因為其他人投入了他們的想像力與勞力取得成功，正是如此才會有所產出。假設一開始就出現再分配者的話，那麼就不會有人認真工作了，也沒有產出可以重新分配，大家都會變得一樣窮。「只因為我們的社會秩序知道財產的不平等，只因為它鼓勵每個人盡可能以最少的成本進行最多的生產，所以人們今天才會有每年可以用來消費的年度財產總和。」（米塞斯）而且，人們不該去朝諷「奢侈」，因為今天的奢侈即是明天的需求。所有的進步會先從少數富人的奢華生活開始產生，為的是在經歷一段時間後，這能變成對所有人而言都理所當然的事。

如大家所見，自由主義是無情的。它並不是運用如「人的靈魂」或「幸福的權利」這類的說詞，它只想要在法律之前人人自由與平等這個前提之下，擁有個人最大限度的行動自由。

因為有自由思想的人可以也只想理解俗世的事物，所以他會以最大的寬容面對所有形上學的事物。然而，如果有宗教的教派、教會、算命師等等干涉立法的話，就必須立即反制。米塞斯注意到，任何自由主義與宗教信仰的衝突永遠不會是自由主義的錯，因為它不會超出它的影響範圍——自由在俗世的組織。但宗教始終自詡有政治力量，不只想要規範人類與天堂的關係，還想要根據自己的需求建立世俗的東西。「其追隨者出於自願提供的一切，都應該而且必須受教會允許；對於那些不想和他們有牽連的人，不會允許他們任何東西。（……）在以和平合作為基礎的社會秩序中，沒有容得下教會（例如）對於奪走兒童教育的要求的空間。」（米塞斯）宗教的帝國不屬於這個世界，因此它可以留在它自己的世界中。

功利主義：幸福生活即最大多數的最大幸福

英國向來都是文化與政治的沃土，另一個思想學派幾乎同時與自由主義一起出現，它包含更多的自由思想，然而其倫理學卻用在古老的享樂主義。它試圖以社會可以接收的方式思考快樂的原則，而傑瑞米．邊沁（一七四八到一八三二年）約翰．史都華．彌爾（John Stuart Mill）（一八〇六到一八七三年）都是其精神之父。彌爾可以說是偉大的盎格魯薩克遜哲學家，身為社會改革家與經濟學家，他是十九世紀最具影響力的思想家之一。他的著作《論自由》從根本上為個人主義辯護。不管人類是單獨或集體，能夠干涉他人行動自由的唯一理由是：保護自己。防止他人對自己的傷害是必要的。一旦行為者成年並且為自己負責，那他的幸福就和其他人沒有任何關係。「不能因為這可能對他更好、會使他更快樂，不能因為在旁人看來是比較明智或正確地行事，而依法強迫他做什麼或是完成什麼要求，〔……〕只有在他的行為會影響到他人時，他才需要對社會負責。」（彌爾）自由主義者當然對於這個自由的觀點大力表示讚許。彌爾在擔任下議院的議員時，強烈地為這項觀點辯護，並且推行了社會自由的計畫。

但是這種自由的使用方式有別於自由主義者。它提供了樂趣！「大自然把人類置放在兩個獨立的統帥之下——痛苦與喜悅。它們決定了我們應該、將要做什麼。」（邊沁）它們是對與錯的標準，掌握了我們所做的一切，即便我們否認它們的主宰，卻仍順從它們。

這聽起來很老派，但是鑒於十九世紀時的人口密度，邊沁無法再像阿瑞斯提普斯那樣全面與新穎地思考快樂，或是進行伊比鳩魯的「隱居」。邊沁意識到，如果現在不考慮多數人的快樂，那麼個人的快樂也不會再增加了。因此他嘗試將享樂主義作為一種社會的概念，並導入實用的原則：「實用原則認識到了（透過痛苦與喜悅的）束縛，並將其作為旨在透過理性與法律建立幸福制度的基礎。」因此我們受制於對快樂的追求，而實用（由此產生：功利主義〔Utilitarismus〕；utilis即為實用的）意味著，依自己的利益評估每一個行為。如果這個行為帶來快樂，那它就是好的；如果沒有的話，就是不好的。但是請等一下：這不是適用於個人，而是適用於所有人。所以應該要建立一個由理性與法律組成的體制，而且有價值的行為，這會產生「最大數值的最大幸福」。「實用的原則應該被理解為，在一定程度下全然同意或不同意每項行為，只要其看似包含增加或是減少〔……〕群體的幸福意圖。」（邊沁）彌爾甚至認為，「最大的幸福原則就是道德的基礎。」促進幸福的行為在道德上是正確的。

自古希臘時期以來，反對享樂原則的聲音眾所皆知。伊比鳩魯的追隨者被罵是豬，只因為對批評的人而言，純粹的快感是骯髒的、動物性的，而且對此非常輕蔑。彌爾指出這些批評很愚蠢，因為動物的快感與人類對於快樂的想像是無法相提並論的。因此，批評者們也用同樣的看法侮辱了自己。如果伊比鳩魯或現在的功利主義者談到快感的話，指的不是豬的快感，而是在文化、醫療系統、教育、娛樂之中探尋到的人類更高程度的能力。每個人都想要獻身於其中並找到滿足感，也就是過個富裕且幸福生活。根據功利主義的說法，如果要為大家爭取這樣的生活，就必須建立在道德的基礎之上。功利主義式的行為標準在於「不是行為者的快樂本身，而是所有受行為影響者的快樂。功利主義要求每一個行為者，在自己與他人的快樂之間以同樣嚴格的公平標準做決定，就像是一個沒有參與其中、仁慈的旁觀者一樣。」彌爾這樣強調，並且引用拿撒勒的耶穌（Jesus von Nazareth）的話：「對待他人的要求就如同希望他人如何對待自己那樣，並且像愛自己一般去愛周遭的人，功利主義的道德展現於最完美之中。」

如果不斷遇到做無用之事（也就是無益於促進整體幸福的事）的人，對彌爾來說，這證明了人**可以**做什麼，而不是什麼是人**應該**做什麼。

基督教與伊比鳩魯的享樂主義結合成為社會對幸福的追求，這是一個不可思議的哲學成就，誰不希望生活在一個將共同幸福最大化的社會中呢？但是一如既往的缺乏了實際上的行動。

邊沁提出了一個關鍵的問題：「那麼群體的利益是什麼？」並且給了一個讓人不太滿意的答案：「就是組成群體的各個成員之利益總和。」然而所有部分的總和是數學的運算，而非社會的運算。當然，「在不知道個體利益為何的狀況下，去討論群體的利益是沒有意義的。」但是如果我們實際去詢問一千個人，並不會得到一致的總和，而會得到不同方向的觀點。

邊沁致力於衡量出喜悅與痛苦的程度，這應該能讓公眾更易於評估一項行為的價值。「先從一個利益最直接受到行為影響的人開始，然後確定……」以下是行為指導說明，我把它簡化了一下。我們必須先確定行為產生的喜悅價值與痛苦價值，一方面會增加所有喜悅的價值，另一方面會增加所有痛苦的價值。如果是喜悅占了大部分，那行為的傾向就有益於**個人**的利益。「然後確定那些利益受到影響的人數，並對這些人重複上述的過程。」

好的，我們就是這樣進行的。城市中有一個地理位置吸引人的空地，現在市政府要根據功利主義的道德要促進大眾的福祉，並將這塊空地奉獻給所有人，使其獲得最大利益。所以市政府詢問第一個受到影響的人，一個牽著兩隻鬥牛犬散步的居民，市政府衡量了他的喜悅與痛苦。接著市政府問了其他受影響的人：地方媽媽、退休人士、天然主義的狂熱份子、網球選手、植物學家與汽車駕駛。接著，市政府進行評估並加總（到底怎麼做？），收到許多使用方案的建議，然而每個方案只能促進一個群體的幸福，而且會減少很多其他人的幸福感。譬如讓狗自由奔跑的區域、兒童遊戲區、公園設施、運動設施、自然保護區、地下停車場……！

這就是問題的核心。功利主義希望以一種高尚的情懷來協調，讓個人與大眾的幸福一致，然而個人比高尚的情懷更為複雜。個人並不想扣上一頂共同的帽子，他們想要屬於自己的、量身訂做的！

我們必須要假設「公眾福利」不存在，只存在群體的利益。在面臨每一個決定時，只有特定群體的期待會得到滿足，而其他群體則要接受這個結果。被認為對「公眾」而言有用的事物，其實是付出了犧牲被認為無用之事物的代價。功利主義的困境是當今每種政治形式的一部分，最終會成為按照圓餅圖比例做決定的現代民意測驗。因此多數人的利益可能會成為少數人的永久壓迫。雖然這不是功利主義想要的結果，但是它也沒有採取任何反制的預防措施。

社會主義：幸福生活即平等

馬克思於一八四八這個革命之年創立了共產黨。功利主義是英國人的社會主義，而德國人的社會主義則是共產主義。馬克思從邊沁與彌爾止步的地方開始，他透過把個人的自由與幸福置於大眾的自由與幸福之下，解決了一致性的問題。

因此，以**我**為本的古老享樂主義最終被軟化為相反的東西。伊比鳩魯曾經嘗試將個人與其快樂和他人連結在一起；功利主義曾想要盡可能將幸福最大化；而共產主義最終想要的是**所有人**的幸福，並且將「我」放在最後，因為在個人與社會的衝突中**必須**要有一個輸家。

順帶一提，「社會」（Gesellschaft）這個字是共產主義的發明。在那之前，人們可能會遇到好人或壞人，或是享受一個人的陪伴，然而共產主義者重新詮釋了這個字，用它來表示一個大群體，最終讓它具有實質意義。**社會**成了主要的形上學的競爭口號，儘管不清楚它的涵義，但是人們做得好像有一個像是社會的東西存在。它成了一種具有感情與意見、本質與目標的存在。這很重要，因為人們需要一些行動時能依據的東西，而**社會**證明了自己是個合適的詞彙。

事實上，社會是人們想要創造出來的東西。

在共產主義眼前浮現了一個像是帶有意志與衝勁的軀體，而且因為它不存在，所以人們發明了它。這種發明是有因果關係的社會主義方法論，因為馬克思的方法是基於思想受到意識影響的認知。我們必須假設性地（以任何方式）創造事實，為了根據習慣逐步建立它。思想與感覺會受環境影響，如果我們想要一個更好的人（而這個更好的人是本質上的社會主義烏托邦），那就必須創造有利的環境。因此，社會主義者是第一批，在宗教以外的領域發明詞彙或是重新解釋詞彙，也就是說操縱語言以明確目標產生政治影響力的一群人。

這種**新語**（Newspeak）的方法論（喬治．歐威爾）仍然是社會主義的實踐。有些特定的用詞會被被排除，並受到制裁。你上次敢說「黑鬼」是什麼時候？還是你是說「黑人」呢？我親愛的女性讀者，你在正式的書信中會使用大寫I來標示出女性與男性的形式，**政治正確**犧牲了美學的定律。連信仰新教的美國也採用這種人類改善的社會主義方法論，學生從四面八方不同的城市搭乘公車來到學校，為的是要在學校裡建立民族的融合。如果孩子不是就讀最近的學校而是必須搭乘學校巴士前往距離更遠的地區，如此那個偏遠的地方的配額才會被補滿，那父母以及學童們的喜悅我們可想而知。我們沒辦法更精確地描述社會主義的日常言行，因為它在更好的群體運作時是受到操縱的，個人對此感到不快並不重要。社會主義透過政治正確的字眼規範來創造事實，而這些事實改變了人們的行為。因此社會主義的政治是對人民持續治療性的干涉。

如果我在這裡不斷交替地使用共產主義、社會主義以及今日的社會實踐，只是因為它們沒有太大的區別。共產主義與社會主義曾有一段很長的時間在本質上完全相同，而後藉由不同的方法緩慢地分化了

共產主義走的是革命的路線，社會主義走的是進化的路線；對於共產主義者而言，新事實的創造要透過武力，對於社會主義者而言則是需要透過連續的改變。對共產主義者而言，語言的操縱只是開始，不夠快的推翻速度要藉由武裝暴力來加速，為了以後更美好的世界，現在允許出現犧牲者。但是社會主義早已不再這樣認為，他改走向緩慢且和平的社會控制道路。

我們回過頭來看突然出現、被馬克思簡單地解釋的「社會」。社會並非均值，而是以階級劃分，劃分的標準很簡單：資產階級與無產階級！這對一個世界觀而言已經足矣，基本模式並不需要農民、商人、藝術家等等。接著根據這個分類進行評估，資產階級會被評為不好的人，因為他源自一個有特權的情況，無法做出人道主義的思考，作為傾向於剝削與不公義那一端的公民。「資產階級（……）把一切封建的、宗法的、田園詩般的關係都破壞了。」共產主義宣言如此宣稱，「它無情地斬斷了把人們束縛于天然尊長的形形色色的封建羈絆，它使人和人之間除了赤裸裸的利害關係，除了冷酷無情的『現金交易』，就再也沒有任何別的聯繫了。」工人成了一件必須以單價出售的商品。

人們可能會問，人類與其自然的（？）上司之間的連結代表什麼。這意味著主僕人之間的關係是正常的，因為它在某種角度來看是繽紛且有人性的。但是如果兩者之間只存在冷酷無情的現金交易，這會變得不真誠嗎？就這一點，僕人可能會有完全不同的看法。麻木不仁的金錢交易是一件實質的事情，能讓他自由，亦可讓他到其他地方。

無論如何，共產主義宣言都意味者平等：無產階級在階級鬥爭取得勝利之後，就會廢除階級鬥爭本身存在的條件。以和階級對立者共存的資產階級社會的角度來看，會有一種每一個人的自由發展就是所有人的自由發展的這種聯想。人與人之間的各種對立只因資本主義而存在，如果克服了資本主義，每個人最終就得以自由發展。和基督教一樣，社會主義主張人人平等，並夢想一個體現平等的世界。

因此必須以革命的方式改變這種狀況。「資本主義者」這個詞彙是為了敵人而創造出來的。資本主義正受到羞辱，如果消除資本主義，一切生產工具都被收為國有的話，所有人就能過著幸福的生活。人們透過革命（徵收與大規模侵犯隱私）就能成功達成目標。宣布政變的明確性沒什麼好指責的：「無產階級將利用自己的政治統治，逐步地奪取資產階級的所有資產。（……）這一點（……）只有借助於對財產強制性的干涉才會成功。」（共產黨宣言）這種徵收被視為無論如何都會發生的合理預期過程，因為所有事物不是私有，而是公共、屬於所有人的。「社會」正強制性的朝向人人平等的狀態邁進。

現在人們必須找到一種方法來體現他們所假設的社會的意願。這比想像中的更簡單，人們只需要建立一個機構就好：共產主義（社會主義）政黨。政黨是社會意志的傳聲筒，因此它知道該做什麼。政黨會結合在社會上騷動的東西，並且透過各種措施來加速實現它。所以政黨常常會以「社會」的意願行事。一個違反社會意志或一部分社會的措施，根本沒有理由去遵守。那只是意味著，不滿的個人還不明白什麼對他們是好的。不同的是，政黨作為社會意志的集合單位，它了解這一點，並根據這一點來採取相應的行動。這種思路對政治家而言非常討喜，因為他們被授予了無所不能以及無所不知的身份地位。

社會主義作為群眾運動，為參與其中準備了因此形成的宣告禁治產的獎勵。讓人類作為最深層的社會（還不是社會主義的）生物，想要參與其中並歸屬其中，這在本質上就是幸福生活、不孤單。至少群眾運動可以保證這一點，人的特點就是渴望社會，我們都想要當一個群體、一個小組、一幫群眾……！長久以來，人們為此、為了更好的世界願景忍受對個人的剝削。生活在前東德的人可以什麼都不要，但死也不要有對生活的恐懼！一位曾在前東德生活的人告訴我：他們十六歲時就已經可以預期退休的時候會有多少錢。這就是共產主義的交易：大家擁有的都一樣少，但可以保證一定擁有。但是如歷史所呈現的那樣，共產主義其實連這一點都沒辦法保證。

人們常常很難看清自己的需求並實現自我，而現在有一個巨大的機器假裝自己知道大家的需求，並且要進一步發展社會！多崇高的主張啊！這只有在人們閉上眼睛去定義全體的幸福並以此為目標的時候，才會發揮作用。因此，幸福成了一種客觀的現象、一種純粹的社會先決條件。

共產黨的政治領導階層總是忙於定義社會的需求，這是一項艱巨且費力的工作。對，這是個好需求！不對，這不是個好需求！然後根據這些衡量，大規模地生產嬰兒車、除草機以及汽車，或是不生產。東德的農業專家曾透過地質採樣確定土地缺乏石灰，這會導致收成量降低。於是成群的大卡車載著好幾噸的石灰送往東德各個角落。然有些梅克倫堡的土質缺石灰，但其他地區土地並非如此，因此那些地方將黨送來的石灰完全未拆封地放在路邊。有些勇敢的人會用石灰去交換種子，畢竟種子才是他們真正需要的——但這是秘密地進行，因為不能質疑國家領導管理的智慧。

如同海耶克所掌握到的重點：這個概念因為缺乏知識（還必須再加上氣候問題）而失敗。黨不僅無知，動作也太慢。等到偏遠的邦將需求回報到中央時，需求報告早就被動了手腳、問題被粉飾太平，直到緊急狀態爆發，或是人們乾脆自救脫離困境的時候，國家才會會送來一份名為「解決方案」的不適用產品來。

現在的社會主義知道這一點，因此認為共產主義已經窮途，而自己沒有問題。但如果他們今天長期用納稅人的錢來生產被認為是好的東西，最後卻被證實不中用的話，那這兩者就沒有什麼太大的區別了。政治仍然「理解」社會的需求，但是用大量金錢來滿足這些需求時已經為時已晚，而且後來不得不進行「修正」（委婉地承認失敗）。這種稱之為干涉政策的作法帶來了關注，使得今日包含非社會主義的政黨都使用它。今天，保守黨的政治干預意味著要長期介入人們日常事務的艱鉅任務。這種針對所有人幸福的規範形式已經成為政治存在的普遍基礎了。

因此我們必須停止在政治討論中輕率地使用「左派」與「右派」模式。「左派」強調國家主權與干涉；「右派」則相反，它強調自由與個人責任。在西方的政黨中，幾乎無人主張自由與個人責任。

為了更清楚地說明這一點，我想要提一下，希特勒是徹底的社會主義者，即便他也有新人類的願景。只是他根本用不同於共產主義的方式去詮釋，並嘗試用基因遺傳學的方式去創造出新人類。共產主義想要起義反抗他，並發明了一個控制意志的「社會」（Gesellschaft）。同樣地，希特勒也用了「人民」（Volk）一詞來進行。不同於在共產主義中，政黨是社會意志的發言人，在國家社會主義（Nationalsozialismus）之中，元首是了解並貫徹人民意志的人。兩者假定的對手形象在美學上非常相似，共產主義與國家社會主義的建築與藝術也沒什麼不同。麥穗、鐮刀、血與土壤——一個群體汗水的象徵，一個比以前更好且更高尚的象徵！

如今各政黨所產生的衝突大多都是虛假的，因為他們的基本行動方針並沒有區別。所有人都在推動社會主義式的干預性政策，並為了選民的福利推行再分配。這大概是社會主義方法論的勝利吧。

叔本華的同情倫理學：幸福生活即逃避痛苦

雖然世界在十九世紀進行了一場大規模的政治鬥爭，有些團體想要這樣進行，另外那些團體想要那樣做。德國哲學家叔本華否決了過去存在的一切，認為所有人只是受到本能驅使而已。所謂的自由意志並不存在，世界被迫陷入痛苦與戰爭。自柏拉圖以來就被給予高評價的理性——人們應該提升並讓自己恢復感知、克服本能，並展現真實與人性的理性根本不存在。叔本華在這裡留下沉悶且殘酷的一擊，他打破了西方思想的傳統。叔本華的世界不是為了光，而是為了永遠的黑暗而努力。

「生命的形象，是持續不斷的欺騙（……）即使生命承諾了什麼，它也不會守住承諾，除非是為了展現我們想望的事物有多麼不值得期望。」叔本華視欲望的滿足為中心，就這方面而言，他是贊成伊比鳩魯的，但他同時也在一切事物中看見空虛。伊比鳩魯所說的「最高的欲望就是無痛」這句名言中「沒有痛苦」並不存在——那這會是什麼呢？每一個「欲望」，只是一次又一次嘗試到達與保持無痛苦狀態而已。

我們絕不會停下對快樂的追求，我們被衝動無情地驅使，卻很少達成什麼目標。哲學家們假設，我們可以透過理性成為我們心願的主人，但這個假設對叔本華來說是站不住腳的。理性只是一個謊稱我們可以自由行事的詐欺犯。實際上，我們受制於一股我們無法擺脫的力量——種屬精神（Geist der Gattung）！

我們身為生物學上的人類，只會執行身為這個物種本能的反應。我們的行動範圍小得可憐，幾乎是察覺不到的。我們所以為的選擇，只不過是虛假的選擇，而我們還驕傲稱之為「自由意志」。叔本華也使用「意志」這個詞彙，然而他不是從人類的角度來看。是有一種意志存在，但是它比我們的心靈更加巨大、更加強大；這是一種世界意志（Welt-Wille），這種意志會促使我們前進，彷彿是一種奇怪的吸引力一樣。大自然具有一種壓倒性的意志，我們則是執行的機器。這種形上學的力量——意志或種屬精神——在叔本華的理論中失去了一切「好的事物」與「理性的事物」。它仍舊是難以理解的。「幸福之人最快樂的時刻，就是入睡的時刻，猶如不幸之人最不快樂的時刻，就是他清醒的時刻一樣。」生命的意義不會向我們展示，我們只能從那種推促我們前進的力量形式中感覺到它。智力大概可以將我們提升到超出動物的境界，但仍不足以理解世界。

對於叔本華而言，一切事物的空虛在時間中發生。「年齡與死亡是大自然對於生命意志親手執行的譴責判斷（Verdammungsurteil），這種判斷表明，意志是一種必須自我挫敗的努力。」有人認為自己有權要求幸福與享受，如果他們沒有得到，便會覺得不公平。然而叔本華並不苟同這種想法。「沒錯，人們甚至認為自己沒有瞄準存在的目標。更精確的說，是將工作、貧困、苦難與痛苦、死亡視為存在的目標。」世界就是這樣建立起來的，也是因為這樣才能運轉至今。要是世界再糟糕一點的話，就不會是這樣了。所以它是所有狀況之中最糟糕的。

人們沒辦法更悲觀地看待這個世界。自願抹消自身存在不是更好嗎？「如果死亡沒有那麼可怕的話，誰會願意忍受生命呢？——而如果生命是快樂的話，誰能夠忍受死亡的念頭呢？」生活是痛苦的，但是在死亡之中我們看不到任何意義。所以自殺並「不值得」。此外，大部分的人根本沒有去做這件事的選擇權，因為在我們的行動中，我們是不自由的。叔本華取笑那些認為他們隨時都可以自由地為行為做決定的人，他把這些人與會說話的水相比擬：「我可以掀起大浪（沒錯！在海洋刮起風暴時），我可以湍急地沖下來（沒錯！在河床上），我可以激起泡沫並噴濺地往下沖（沒錯！在瀑布中）〔……〕最後，我可以被煮乾並且消失（沒錯！在水溫達到八十度的時候）；然而我什麼都不做，而是依然自由自在地、安靜地、清澈地待在鏡面反射般的池塘中。」這就是自由意志的幻想。理論上我們可以做各種事情，但是這永遠都需要外在動機；如果那些外在原因沒有發生，我們便根本無法做到。但是，如果它們發生了，我們就必須做出決定，就像在八十度情況下的水一樣「決定」要煮沸與蒸發。所以，一把上了膛的手槍對於自殺來說是無用的。我們只有在悲慘的情況消除了對死亡的恐懼時才會自殺，儘管生命中遭受了種種苦難，但死亡的恐懼卻很少發生。

更不用說，「自由」這個備受喜愛且有爭議的詞彙怎麼樣。對叔本華來說，自由只存在於人類可以自行探索的範圍之內。每個人都可以自由地看清自身以及其最特別的驅動力，而且去選擇這種「自由」是值得的。它會產生一種自我肯定。並不是說人們因此就可以去做與那些不得不做的事情不一樣的事，但是人們至少是清醒且有意識的。與自己相處比自己盲目碰撞來得更有趣。

叔本華的極度悲觀，很容易讓人聯想到深受現代自然科學所影響的哲學，其世界觀很大程度上是以生物學為基礎的。在我們內在的東西比我們自己本身還要強大。我們是一個種屬（Gattung），並且必須根據種屬的規範來行動。我們必須交配、繁衍後代、保存物種，面對各種逆境求生存。但令人驚訝的是，這位德國哲學家最終卻得出一個深刻的人性與正面的結論。

所有的生命都是痛苦。我們了解彼此，事實就是如此。因此，我們不應該在命運的支配之餘，更進一步去折磨與拷打彼此。至少我們應該做的是寬容地塑造生活，並且懷抱同情心行事。因此，合乎道德地做事，意味著避免讓彼此都身陷其中的苦難而變得更加糟糕。「真實與純粹的愛就是同情，非同情的愛就是自私的。」

我們知道自己與他人的差異只是一個暫時的騙人表象。我們都受到同一個支配生活的意志所決定。這個意志的對象包括動物、植物以及大自然。因此我們不應該折磨任何動物，也不應對大自然使用暴力；這就好像我們在對自己使用暴力一樣。這會導致良心譴責，因為我們違背了大自然的意志（也就是做了邪惡的行為）。相反地，我們的良心是出於利他、無私之作為的成果。由於我們的自我活在一切事物當中，所以每一個同情的作為，會讓心更擴大地去感覺（相對地，每一個自私的行為，會限縮心的感受）。

懲罰系統完全無法保持這樣的道德，因為只有純粹的自私能夠避免懲罰。「當我被報酬吸引，或是被懲罰威脅時，要怎樣談論公正無私呢？〔另外〕在另外一個世界中，獲得固定的報酬會被視為安全但長期的變化。」在叔本華著手研究基督教的博愛時，他同時也清楚明確地闡述，所有信仰都該受譴責。它們只對人類的自私有所助益，威脅和獎勵是只有在出於真正的利他主義下才會有價值的事物。同情必須是自然而然產生的，我們只需要理解大家都在同一艘船上，因此人們必須真誠以及懷抱同情心。叔本華拒絕了宗教信仰那種「只有透過它們，道德才可能實現」的傲慢自大。宗教只會採取即使沒有它，人們也能理解的一般行動原則，並將之與自己的神話交織在一起，直到兩者完全密不可分。因此，對於信徒而言，對於宗教神話的攻擊，就是對於公正與道德的攻擊。

「到目前為止，對於一神論的國民來說，無神論變成了道德消失的同義詞。對牧師而言，這種混亂的概念是求之不得。」而從中——叔本華如此說道——「會產生可怕的怪物：狂熱主義。」而宗教的狂熱主義，產生的結果正是同情的對立面。儘管如此，信仰可以稍稍緩和充滿苦難的生活，因為當人們專心沈浸於禱告之中，他就會短暫地從這個世界脫離，這點叔本華也贊同。

除了博愛與宗教信仰外，還有藝術與哲學可以作為消除自我的媒介。通常，當一個人陷入沉思，就會有離開生命痛苦以及忘記自我的機會。當樂音流洩（順帶一提，音樂對叔本華而言，是最高的藝術形式），一個人沈醉於音調與旋律，人生的轉輪也會靜止下來，絕望的驅動力也暫時鬆手，這個人會沉浸於一個由美麗所組成的世界。在這裡，人類擁有了最大程度的自由。同樣地，在探究哲學時，平庸的「我」會退居後位，而突然間，重要的不再是一個人想要什麼或自覺想要什麼，而是關乎更高層次的理解與真相。

一般來說，如果一個人離開他的「我」，並且能夠把時間精力投注在一件一般的事物上，那就有可能暫時忍受存在。對於叔本華而言，生命大致就是一個獨一無二的地雷，但又具有充滿善意的墊腳石在其中，而人們或者也可以加上運動、性愛以及美食。在這一點上，幸福生活會顯現在一個通常充滿很大程度痛苦的存在之中。自由與幸福，只能想像成短暫的酒醉。當音樂的最後一個音符也漸漸消失，存在的痛苦又會再度出現。

尼采的發展倫理學：幸福生活即自我發展

如果你有看過尼采針對基督教的尖銳評論，那會明顯地發現他也否定叔本華的同情倫理學。「人們必須毫不留情地面對這種完全自我放逐的道德。」他這麼認爲。在「對其他人」的感覺之中存在許多「魔法與糖」，以至於人們一定會對此存疑，因為同情的形式可能會**受人喜愛**——付出的人、接受同情的人以及一旁觀看的人都喜歡這些同情的形式，但這並非足以證明的理由。

在尼采極端的個性中，他完全拒絕同情，因為這僅是透過同情嘗試去保留能以某種方式保存下來的東西而已。因此人們都會同意那些遭受疾病之苦的人，並在過程中堅決主張「視生命的其他感受為錯誤而且變得不可能」。當一個人處理過越多的「失敗例子」，那麼強大與成功的事物就防守得更嚴密。

此外，只要人表現得像群居動物，那博愛就是偽善。「只要實用性在道德的價值判斷中佔有主導地位，就僅只是群體的實用性，〔……〕而不道德的事物，正是在群體生存構成威脅時所尋求的：長期以來，無道德可言。」（尼采）我們雖然喜歡周圍的人們，但我們會害怕他們周遭的人。如果涉及到群體存在時，那博愛便會止於群體的邊界。因此對尼采來說，對周遭人的愛和對周遭人的害怕相較之下微不足道，因為「恐懼是〔……〕道德之母。」所以即便欲望與衝動的程度還很低，只要它們是有利於保護自己的群體，都會非常快速地往道德的方向的轉變。

所以也就是說，道德一直以來都是一個謊言，只是一個「衝動的符號語言」而已。這世間上有許多不同形式的道德，但它們都是被發明出來的，旨在有助於群體的需求。「每種道德的珍貴之處在於它是一種長期的約束。」尼采如此寫道。道德長期強迫人們以特定的形式去思考與行動：為了上帝的榮耀、為了祖國的榮耀、為了靈魂的救贖等等。某些讓生命更有價值的事物偶爾會在這方面出現：美德、藝術、音樂、理性……！然而，其實每種不同形式的道德都是思想家強加的規矩，這些道德會引導人們產生——某些東西就是禁忌！——這樣的想法，也因為這樣，許多「無法取代的力量與精神會受到過多的重壓、會感到窒息，並且腐敗」。這表明了每種道德「都帶來太多的仇恨自由，並促進了基於受限視野的需求」。簡單來說：「狹窄的視野，在某種意義上也是愚蠢。」這會成為一種生活與成長的條件。

但尼采並非因此是個道德虛無主義者，而且他並沒有拒絕道德，他只是想要對「道德的定言令式」提出質疑而已。道德的定言令式是：人們必須服從某些人、事、物，否則人們就會滅亡。自柏拉圖以來，我們就被灌輸這種思想。這位古希臘的哲學家當時想要證明，我們內在與生俱來的理性執著追求一個目標——即好的事物！後來有人說這個好的事物就是上帝。因此從那時候起，道德戰勝了「如基督徒們所稱的〔信仰〕或是我說稱的〔群居〕。」（尼采）

人類的所有道德都是群體道德，都是基於一種「好的、愚蠢的對於信仰的意志」，這表示每個想要逃離這個群體的人（例如某個人的愛好與能力遠超出群體的平均水準）就會被排斥在外。個性與創造力加強了群體的衰弱，因此對群體而言是無法被接受的。尼采說：「高度獨立的智慧、離群索居的意志、廣大的理性早已被認為是危害；從現在起，所有的群體都將個體趕出去，並且稱讓周遭人感到恐懼的東西為**邪惡**。」

尼采指出，與少數發號施令的人相比之下，在人類歷史中一直有為數不少的服從者。

服從可以被實踐與培養，並且成為人類的本性。或者也許「人們簡單假設，對所有人而言，現在的需求都是後來的天賦。一種形式上的良心會要求你必須要做某件事情、一定要留下什麼，簡而言之就是你應該做什麼。」然而，那些領導群體的人，在這方面並沒有做得比較好。即便是他們也只會服從，而且加入服從的歷史行列之中。根據尼采的說法，他們除了扮演高層或是更高層的領導者以外，沒有其他方式可以保護自己免受罪惡感的傷害。他們會遵守憲法、祖先、權力，他們是「人民的第一公僕」或是「公共福祉的工具」，所以他們本身就只是永無止盡的服從鏈中的奴隸中的奴隸而已。「一旦做出面對反對理由的決定，就是摀住耳朵的話，那顯示出了堅強性格的象徵，也就是偶爾愚蠢的意志。」

尼采拒絕所有這種「道德」，他倡導了另一種形式、強壯個體的道德。這呈現了幸福生活是什麼。就是不屬於群眾，也不依循愚蠢的意志，而是不顧一切去克服它。唯一的幸福生活就是會持續發展，並且想要超越原本的生活。「你們不應該蔓延，而是向上生長！」如尼采要求的。這是一種完全個人主義的道德觀念，徹底拒絕了群眾運動與群體倫理。這一切都不關乎個的人幸福，而是純粹關乎讓自己變得最好。如果你會書寫的話，那就書寫吧！如果你會跳舞的話，那就跳舞吧！如果你會做木工的話，那就去做吧！不要像一直以來那樣、不要像以前那樣，也不要像所習慣的那樣去做這件事——而是把它做得更好！這是一種表現的道德，對這種道德而言，英雄就是那些在做事的人。對尼采來說，恐懼是每晚帶著兩瓶啤酒與洋芋片坐在電視機前面。對於正在等待命令的牧群動物和天生的奴隸來說，任何一種沉悶的安慰都有價值。好人就是對自己發號施令的人。「你們要變堅強（還有）愛你們的命運！」尼采如此呼籲人們。每個人都應該接受自己的生活，並從中做些有價值的事。生活就像一場競賽，而我們必須要接受這場比賽。如果人們在這場比賽中向前邁進一步的話，就會感覺到幸福，因為我們會「感覺到克服阻力的力量正在成長」。所以人類需要一種力量的意志。

順從命運以及平庸度過時間的群體日常是，是一種妄想、一種自欺欺人的舒適感。人們為了不必照看自己而麻痺自己。

而專注於自己的人打破了這種盲目，就像是從柏拉圖的洞穴中起身（不是被硬拖拉出來的），並且想要一探究竟生命還有哪些選擇而走向洞口的人一樣。我們仍舊是過於人類了，但是在我們人類與**超人**（Übermensch）之間卻繫著一條被緊拉的繩子，在此基礎上，我們可以朝著自己的方向努力。超人、優越的人，用現在的語言來說就是：菁英，一切事物的衡量標準。幸福生活就是英雄的生活，在這種生活中，比起將寫作天賦浪費在記者身份上寫週報，成為一個貧窮但偉大的詩人更高尚也更正確。因此尼采絲毫不掩飾他對於人類的偉大代表人物的崇拜：亞歷山大大帝（Alexander）、拿破崙（Napoleon）、韋瓦第（Verdi）、華格納（Wagner）……！

一八五九年，叔本華去世的前一年，查爾斯・達爾文（Charles Darwin）出版了他的著作《物種起源》。叔本華本來有機會可以從達爾文的作品中獲得他生物學的哲學的新想法；尼采當年才十五歲，大概也讀過了達爾文的著作。也許這解釋了尼采提出的表現倫理（Leistungsethos）是從成為一個更好的人的優越性為出發點。

共識與異議：同中取異、異中求同

現代產生了兩個對於幸福生活的分歧看法，彼此互相批評對方的看法。我們會在這一章節中提出討論。

這些分歧從歷史來看，最早可以追溯到德國社會學家尤爾根·哈伯馬斯（Jürgen Habermas），他以他的哲學－社會學理論決定性地影響了今天的政治生活。

哈伯馬斯認為，馬克思並沒有理解到，使人不快樂的並不是特定的經濟倫理，而是技術。這個世界將會日漸由金錢與技術構成，這使得人與人之間的交流行為變得多餘。人們不再需要討論許多問題，而是可以更有效率地用錢或技術來解決它們。這一方面很好，但另一方面也很糟，因為**生活世界的技術化**破壞了溝通，導致人與自己的疏離。對哈伯馬斯而言，這同時意味著公共論域的破壞。這個過程自十九世紀以來就開始了。資本主義產出了個人的經濟利益，不幸的是，新興大眾媒體將自己作為大眾的傳聲筒，即便他們吊著商業的經濟點滴，因此無法扮演好他們的角色。在媒體中沒有公共性，只有公共關係。廣告與公共關係引起了「他們（消費者）的錯誤認知，即作為發牢騷的個人，也要為大眾輿論負起責任」。由廣告所產生的共識可能具有一些大眾輿論——例如大家**認為**穿著內搭褲很時髦，但是這並非討論出來的結果，而是資本主義佈局的手法而已。「因為私人企業會在消費者做決定時，向其暗示公民的意識，因此國家必須讓他的國民像是消費者一般產生興趣。」（哈伯馬斯）

哈伯馬斯認為，諸如茶或內衣褲這類的產品廣告彷彿真的就和生活一樣，因此涉及生活的地方必須以廣告的手法來產生反應。這些過程會削弱批判性的大眾，因此必須再次建立起來，才能使統治的力量服從於大眾。

要達成這個目標需要遵循一種談論倫理，此倫理旨在一種兄弟般的溝通，比較不嚴肅的、沒有支配性的溝通，不受限、不受歧視，也不會講話時被打斷，每個人都可以暢所欲言。理想主義的假設就是以此為基礎的，也就是「人類作為特定物種可以說一種語言的能力是必要的，同時又要有足夠的條件使人能夠成熟並且有理性。」如黑爾加・克里普（Helga Kripp）所觀察到的。所以我們會說一種語言的情況已經是理性的象徵了。雖然這種看法可能會被揶揄，但是「每個交流的狀況都是基於參與對話者的理想化能力。」（克里普）因此，我們和相互交談的對象以充滿自信的假設認為，當我們說出我們認為的，就可以達到「真正的溝通」；這甚至是溝通的先決條件。否則為什麼要進入對話呢？「我們假設頭腦清醒的人可以隨時離開有問題的環境以及開始進行對話。」（哈伯馬斯）對此哈伯馬斯做了不少假設：也就是，人們有能力在棘手的情況下跳脫自我，並且佔據一個後設的層次（Meta-Ebene），如同觀察者一樣看待自己和問題，進行理性地討論。這種「理想化的能力」（Idealisierungsleistung）是建立在深厚的人文主義與「我們都是自己感官與語言的主人」的信念之上。

哈伯馬斯對溝通行為提出了四個有效性的主張，這是相互交談的人們彼此之間的要求，要是在某一項要求的框架下有什麼不清楚的話，那就可以並且必須重新提問。

這些要求分別是：

可理解性：必須要流暢使用單字與慣用語，如果有人不理解其中一個字的話，就必須問那個字的意思。

真實性：人們會認為說話者從他主觀的角度來看說的是真話，因此說話者會假設他所說的都是事實。人們可以用自己的真相來反駁說話者。

正當性：說話者會顯示出他的道德背景。他會警告某些事情、命令某些事情，威脅或是稱讚。如果他做了這些事，那他指的就是他認為正確的標準。我們是可以去質疑這種標準的。

真誠性：說話者互相假設對方是真誠的，也就是雙方所說的、所要求的或是所盼望的就是實際上所想的那樣。

這四個主張是普遍的，重要的是，「只有溝通行為的參與者認為他們都提出共同的有效性要求，溝通行為才能繼續進行。」（哈伯馬斯）如果人們假設對方不真誠或不誠實的話，那一開始就可以省下溝通的力氣了。哈伯馬斯認為，**理想的說話情境**就是如此產生，其中這四個有效性的要求必須發揮作用。即便是老闆與下屬交談的時候也是一樣，意即老闆說話必須容易理解、真實、正當並且真誠，而下屬亦然。這會是一個無支配性的討論，即是一場無權力落差與壓力的溝通。然而不僅如此，其中還包含了**開啟**一場討論的平等機會。下屬不必等到有人對他遞出討論的邀請，他也被允許跟老闆一樣能夠開啟討論。就這樣，每個人都有相同提出觀點的機會，可以表達感受與意圖、接受或是反駁某項內容。這適用於家庭、社會群體之間的關係，也適用於國家與國民之間的溝通。

透過這一系列理想的言語行為會達到一個最可能接近真理的共識。「溝通的目標是達成協議。」哈伯馬斯這麼認為。因此，在達成一致前需要交換論點。「真相意味著達成理性共識的承諾。」（哈伯馬斯）

哈伯馬斯在德國政治中擁有很大的影響力，他也為政黨帶來今天人們所稱的基層民主。每個受影響的人都可以說出一切，而且也必須被傾聽。每個人都透過也許很麻煩但之於民主是必要的溝通來尋找有效的合作。「一場討論的結束不單單是透過邏輯，或是根據經驗的約束就能決定的。」哈伯馬斯如此認為，「而是透過最佳的論點來決定。」不要約束，只要信念！在這裡，人們會意識到柏拉圖的舊概念，也就是根據這個概念，只要好的事物以容易理解的方式制定的話，每個人都會認可它。

哈伯馬斯式的世界由選舉、調解與民意調查所組成，這些共識形成過程的結果會成為法律，並且適用於所有人。在基層民主中被討論過的事物，會得到比在議會中更好的討論，因此可以更快速地立法。哈伯馬斯藉由社會主義的方式讓康德的定言令式得以復活。「總是依照希望你的行動能變成一般的法律的方式行動。」（康德）

變成「不斷進行討論，直到你們找到共識，進而找到真相，最後成為法律。」

這種哈伯馬斯的討論與共識倫理的崇高理想主義提供了形形色色的攻擊面。「人民已經用投票代替了責任。」赫曼・赫塞在《荒野之狼》（*Steppenwolf*）中就已經說明了，而人們必須問，是不是在一個投票程序中有為數不少的人們也會搞錯。漫長的、以基層民主的方式產生的共識決議真的就是**真相**嗎？

哈伯馬斯在他一九七三年提出的真理理論（Wahrheitstheorien）中寫道：「根據這種觀點，如果每個其他能夠和我進行對話的人，也對同一個主題使用同樣的謂語，也只有因為這樣，我便被允許能夠對一個主題使用那一個謂語。〔……〕見解真實性的條件就是其他所有人的潛在贊同，他們必須要能夠說服自己，我會對主題x使用謂語p，然後同意我。」

請你以很慢的速度再重讀一次這個引述。人們只允許對一個主題用一個謂語——「是好的、是美的、是重要的、是必要的、是不適當的」等等，如果有想與之交談的其他人，他也會持相同的意見。如果其他人的看法不同——「不、不好、不美、不重要」等等，我們也不用為此堅持。雖然我們認為事實就是如此，卻並非如此，因為至少有一方看見了不一樣的部分。因此唯一真實的是大家都能夠同意的事物。如果我們只能夠在大家都分享我們的感知時才能稱我們的感知為真相，這不知怎麼地讓人感到不寒而慄。這真的有可能成功嗎？

人們只能做些什麼呢？人們必須表達自己的論點，這樣大家才能設法理解，最終大家會有一個合乎邏輯的結果：沒錯，你是對的！這是真的！親愛的讀者，請不要這樣——你對迪吉里杜管[35]的偏好是不幸的。即便你個人認為迪吉里杜管的音色很優美也如此珍貴，但不幸的是這不是事實。因為有太多人對這些音調用了完全不同的謂語，因此你在這種無支配性的討論中處於劣勢。你的意見大概會被聽見（照理說應該是如此），然而這件事情上最終有了一個普遍的共識，就是迪吉里杜管非常令人厭惡而且很惱人。這就是基層民主的真相。

由於存在這些小規模的辯論，我們已經處於對哈伯馬斯的現代批評之中，這個批評是由一九九八年逝世的法國哲學家李歐塔（Jean-François Lyotard）所提出。和哈伯馬斯一樣，他認為溝通是根據規則來進行的，但是根據李歐塔的說法，這只是規則根據情況而有所變化的言語遊戲而已。這關乎的是勝利，從來就跟共識無關。

35　譯注：迪吉里杜管（Didgeridoo），一種澳洲的古老樂器，有著奇特的音韻。吹奏的人通常坐在地上，用一隻手負責撐住樂器，另一隻手要固定吹口方向。

對他來說，無支配性的討論是一個烏托邦，就像透過共產主義使每個人都幸福是烏托邦一樣。共產主義帶來了暴力與破壞，同樣地，無支配性的討論帶來的只有暴力與壓迫（也就是與我們尋求的事物相反！）。因為所有在共識中達成的事物壓迫了許多人的權利與意見，還不只如此：最終幾乎所有人都對這個共識不滿。對李歐塔來說，存在著一種**權力話語**。真理只是那些貫徹自我的人的真理而已。如果真理是透過論證所形成的話，那麼在演說辯論方面受過較好訓練的人就會決定真理。那些交際能力不好的人，在「無支配性的討論」中就握有一手爛牌。

根據李歐塔的論述，哈伯馬斯發展出了一套統一理論（Vereinheitlichungstheorie），然而人類不能被歸結為一個共同點，人們不該期待一個（與政治、社會、公司的……）共識。李歐塔判斷現代性已經失敗了，由公民投票與民意調查組成的基層民主制度根本不會帶來任何結果，因為在現代社會中，從來不會邀請那些最需要被問到該問的問題的人。

必須補充的是，在公民投票、民意調查或是調解之中，經常存在許多根本和主題無關的動機。因此共識到底意味著什麼，這是有爭論的。當年奧地利人投票反對茲威騰朵夫（Zwentendorf）核能發電廠時，實際上反對的是總理布魯諾・克萊斯基

（Bruno Kreisky），他以他的政治影響力介入，應該要給他一個警告。透過這種方式在奧地利的核能發電廠議題上達成了什麼**共識**？如果一個政黨要求進行一次全民公投，那麼即便每個公民都同意公投內容，但還是拒絕了公民投票的提議，因為他們不想要看到推動公投背後的政黨取得勝利，所以這到底是達成了哪一種形式的共識呢？如果在表決投票的時候，先進行了策略性的事前協商（如果我現在同意你，那你明天也要同意我），那透過這種方式會達成什麼樣的共識呢？

人們可以在共識上反覆無常，並讓所有極權主義的政權注意到，在它們的國家內一直存在著一股對於共同真理的巨大共識。一場對於「真相」的百分之九十九選舉結果表示的是什麼呢？如果人類群體對任何一個想法有高達百分之九九的同意程度的話，這本身難道不可疑嗎？這件事本身不會讓人懷疑嗎？因為這根本與多樣性的自然原則有所不符。

李歐塔認為，適合所有人的真理並不存在，但是必須存在公平性。我們最終會想停止假裝好像可以帶來一個大家都滿意的狀態，只有失敗者才會保持共識。「人人平等的權利」並不存在，因為每個人都是不一樣的。世界異常複雜，而且必須透過法律以非常複雜的方式描繪出來，從來沒有一個國家能夠完全成功做到。我們沒辦法問所有人，也沒辦法無止盡地對所有事情進行討論。

根據李歐塔的說法，最終人們必須接受：我們活在一個充滿分歧的世界中。每個人都不同，每個人都有自己的真理與個別的利益。因此人們必須把這些差異記錄下來，而不是去假設這些差異可以達成一致。每個人都有權不支持任何一個決定、而且允許行使特權。當然，這意味著必須拋開一致的想法。權力與決策自由必須再次分權，並必須賦予自然的個性與空間。必須再次實現社會以及權力的分散。

李歐塔建議多元思想和平共存。人們必須停止想要讓人類變得更好的這種想法，因為異議者並不想被「改進」。因此，必須要從根本上拒絕現代政治，這個以將社會發展到理想狀態為出發點的現代政治。

熊的教訓

也許各位在閱讀第二部時和我在寫這一部的時候有一樣的感受，在過程中心裡會產生一個論點，我們既理解也贊同它。然後接著出現一個相反的論點，提供我們認為自己可以用這種方式去看待事情的角度。但有時候也會讓人感到害怕，不由自主地問自己，為什麼總是有人要規範我們的生活、決定什麼才是對我們有益的？許多流血事件以真相與善良為名，政治體系也出現了很大的震盪，由君主制到民主、由奴隸制度到平等主義、由狂人獨裁專政到多數統治。發生了很多事件，但結果往往只剩下磨損而已。

讓我們快速地來看一下，統治階級到底怎麼形成的？為什麼它至今運作的如此糟糕？

統治階級如何形成的

讓我們我們回顧一下森林歷史。熊想要吃蜂蜜，牠在森林的空地上看見一個蜂巢，於是不假思索地破壞了蜂巢、吃光了蜜。但是當牠幾天後又想要吃蜂蜜時，已經沒有蜂巢了。我當時真蠢，熊想。所以下一次，牠更妥善地採取行動，牠走向蜜蜂們，只從他們那邊拿走一部分的蜂蜜而已。牠讓蜂巢保持完整，並沒有破壞它。蜜蜂取代了熊缺少的東西，而且牠下一次還能繼續享用。情況越變越好了。當蜜蜂們看見熊走過來，就知道會發生什麼事，所以馬上拿了一些蜂蜜給牠，這比起熊自己將前爪伸入蜂巢造成破壞來得更好。很快地，熊注意到還有其他動物也喜歡蜂蜜，於是牠和蜜蜂們做了一項協議。蜜蜂把交給牠的蜂蜜當作報酬，讓熊保護牠們不受其他動物騷擾。這對蜜蜂來說很有說服力，這形成了一個保障雙方、幸福生活的雙贏局面。熊開始訓練起自己的交際手腕，因為森林裡還有其他更強壯的熊，所以牠建立起聯盟，開始組織牠的臣民們的生活。

要維持牠生計的方法只有兩種，就像弗蘭茨．奧本海默（Franz Oppenheimer）在他的著作《論國家》（*Der Staat*）（熊的寓言也是源於這本書）一書中所記述的：工作或是搶奪。熊在一開始是一名強盜，之後成了將「統治」作為服務的政治家。奧本海默認為，政治只會在有足夠的經濟資源的時候才會出現，只要沒有東西可分配，就不會有政治。也就是說，當幸福生活開始的時候，就會不斷有人想要參與、分一杯羹。

如果熊也有行使權力以外的選擇呢？牠根本就沒辦法自行生產蜂蜜啊，但是現在牠能生產別的東西和蜜蜂們進行交易。

現在可以注意到熊以統治來換取蜂蜜，也就是說以此進行以物易物。沒錯，統治就是一種要透過行使權力才會形成的貨物。蜜蜂們沒辦法拒絕，只能妥協。「從事政治的人就是渴望權力。」馬克斯・韋伯（Max Weber）如此寫道，「不論是為了其他（理想或個人的）目標服務的權力，或是『為了自身利益』而享有的權力，都是為了享受它所賦予的聲望。」政治一直都是暴力壟斷，「貿易夥伴」沒有選擇的權利。就像國民一出生下來就具有繳稅的義務，這不需要任何協商或是簽訂合約。

為何統治階級運作地如此糟糕

但並不是說我們什麼都沒有從國家那邊得到，我們有醫療照護、大眾運輸交通工具、邊防部隊、急難救助，還有其他比較不那麼受重視的部分。我們都希望最有智慧、最聰明的人能引導我們的命運，但是看看那些政治「菁英」總讓人失望。就意義上來說，「人民代表」代表大部分人民的水平。但這是經常做出錯誤決策的原因嗎？也是沒錯。然而這背後還有別的真正的原因。

我們生活在塔納國

心理學家迪特里希・多納（Dietrich Dörner）參考了非洲各國的數據，設計了一款複雜的電腦遊戲：虛構國度——塔納國（Tanaland）。遊戲參考了很多細節資訊，包含出生率、死亡率、降雨、飲食習慣、礦產資源蘊藏量，以及這些礦產開採的難易度、運輸道路的品質等等。玩家可以透過不同專業領域的人改變個別參數，以改善塔納國的生活品質。也可以大力推行特定穀物的種植、關心教育、建設水壩、改善醫療供給或是提供更好的工具來改善狩獵。我簡單地做個結論：每個玩家都把塔納國推進深淵。有時候生活有了初步的改善，但狀況很快就惡化了，大部分都以不可避免的饑荒告終。

起初，這些玩家們大多小心翼翼地進行微小的干預，然而當一段時間什麼事也沒發生後，他們不耐煩地進行了更多的嘗試。慢慢看見改變之後，發現改變不只出現在直接受干涉的區域。這便是這款遊戲的困難之處，一切都相互牽連，就像著名的蝴蝶效應。玩家在這些狀態中陷入驚慌，嘗試做出許多大改變，並試圖盡力扳回局面。許多玩家在絕望的巔峰都做出傾向獨裁的行為。雖然這似乎不是他們原先的策略，但是他們有權力這樣，也就是說他們能維持做法，直到遊戲中的國度在天災人禍開始損失不得不終止。

塔納國遊戲顯示出，人類完全沒有能力注意到網絡的所有分支，即人類沒辦法操控任何複雜的系統。

人們都敗給了因果關係的思維模式，這種思維在只有少數參數的狀態下，產出了一種「如果怎樣，就會怎樣」的獨立關係。如果我們做了這件事，就會發生那件事。然而現實中不只會發生A，還會有B跟C，以及更多無法想像的。因為每個行動都在一個巨大系統之中，並在那裡產生出分支。雖然人們總是在之後才感覺到這股干涉的震波。這解釋了政治決策的鐘擺運動，以及無情地波及每個人政治體系的強大行動。各種決策者在調節的過程中總是遇到問題，因此大多數情況下都只調節了狀態。

「我們在解決問題上不會失敗，因為我們〔……〕沒有使用到我們右半邊的大腦。」塔納國遊戲的研發人多納這樣說道，「現實中失敗的原因在於，我們容易在這裡、在那裡都犯了錯，這是會累積的。」

這裡有個悲傷的例子，就是前美國聯邦準備理事會主席與九〇年代中期的美國經濟顧問委員會主席——艾倫．葛林斯潘（Alan Greenspan）的降低銀行主利率的致命決策。當時有數百萬個低利率貸款被放款，這個情況順利地進展了一段時間，而且被讚譽為美國的經濟奇蹟。然而，市場上額外的貨幣供應量加速了通貨膨脹，所有東西都變更貴了，突然之間，不管利率有多低，大家都沒辦法償還他們的利息。因此，在二〇〇八年出現了現代最大的金融危機，只因為十五年前有人巧妙地玩了「塔納國」。

於是，進行決策需要更加謙遜，對於操控過程需要有更多的瞭解。根據多納的說法，這包括專注和修正優先順序的能力：人們必須提防建立倉促冒失的理論，同樣地也絕不該將事件歸於「一個主要成因」。對此最貼切的是梭羅的名言：「最好的政府就是干涉最少的政府。」最大限度的克制，就是「控制」複雜系統的最佳方式。

請注意，塔納國不只象徵了國家，也象徵了家庭與伴侶的關係。我們一直處在生活的操縱桿旁，所以我們應該審慎行事。

秩序的幻想

控制很困難，但是沒有它又不行。沒有睿智的控制，這些複雜的系統就會陷入雜亂無章的狀態之中。這樣的想法是每個政治人物的信念，是人的本性，即人們認為秩序就是以較高的意志為前提。另外秩序對人們而言是無法解釋的，也因此總會接受有人在執行秩序這件事。

但令人驚訝的是，這個本性很容易就能反駁。因為秩序就是自然的原則，不需要智慧就能產生，透過觀察也能看得出來。

我是在維也納一個公共住宅區長大的，住宅之間有著草坪與道路。從陽台看出去，會看見直角相交的人行道，這展現了建築師的設計想法。一個月、一年漸漸過去了，出現了一些人為踩踏出來的小徑，它們穿越草皮、在花圃周圍、越過人工栽種的樹群。這些踩踏出來的小徑是住戶們經過冗長的會議討論而產生的嗎？人們集合起來規劃這些路徑，再前後一致地偏離既有道路走嗎？當然不是。這些道路是自然而然出現的，只因為它們適合所有人。這些在住宅區內踩踏而成的小徑，就像叢林裡動物們的獸徑。

所以秩序**不需要**比較高的智慧，因為大自然本身就已經是有秩序的了，而且只要出現偏差，就會一直不斷地創造出新的秩序來。人為干涉會也會產生新的、另一種形式的秩序。也許可以以這種角度來看政治：它試著以強烈的熱情來調整自我調節系統！秩序意味著干涉自然的秩序，並將其帶入人類的秩序當中！

自然處於一種流動的、帶有高低起伏的平衡之中。當人類進入這個系統的某處，會一直看到缺陷，因為人類看見的是情況而不是過程。動態平衡的著名例子就是住著狐狸與兔子的森林，動物群體的數量彼此互相影響。若是兔子數量越多，狐狸數量就會越少。因為糧食供應量很大，很快地狐狸就會變多。當兔子的數量下降，狐狸的數量就會上升。很快地，狐狸太多、兔子太少。狐狸因此飽受飢餓之苦，而且開始適應食物總量。狐狸數量下降，而兔子的數量也因此再度提高，而且牠們會繁衍後代。這就是一種自然的、系統性的秩序。

可是人類在任一時間點進入森林，都會意識到調節的需求。當他看見太多的狐狸，為了建立平衡所以開始射殺狐狸。這個系統正是因為這種方式才陷入沒有秩序可言的狀態，而且之後只能透過永久第三方的干涉——捕獵狐狸、放生兔子等等——才可以復原。人類的秩序總是代表把系統弄得很平靜，消除高低波動，如此一來就看不到任何起伏了。這有可能是合理的，因為如果強行把一條河引流到他的河床上，人們就能控制自然以符合人類的利益，而且不這樣做的話可能會有危險。但是人們應該要知道存在著超越人為干涉的秩序，而且它也許不會表現出它正在對已經有秩序的事物進行調節。

在很多國家都有開車要繫安全帶的強制規定。這一點大概也不需要人類的秩序，因為一直以來自然本身就會完美地調節所有事情。那些不繫上安全帶的人會比其他人更容易死亡。開車不繫安全帶的人會自我滅亡，而開車會繫安全帶的人的比例就會提高，完全不需要國家的法條。

但是國家不希望出現太多死亡的人，而且國家設立法條為的是要保護我們的生命，不管我們願不願意。因此，人類的秩序一直都是道德上的秩序，這種秩序試圖比自然秩序來得更好。事實證明，繫安全帶的強制規定減少了道路上的死亡人數，因此我們很難以道德的角度來反駁。但可以藉由自由主義的觀點來反駁：國家不也可以出於關心我們在冬天時的健康，導入穿戴圍巾與帽子的強制規定嗎？這樣一來我們不就會比較少感冒，而且醫療體系也不會負擔太多病患嗎？所以要到怎樣的程度，國家才會是對的？從哪個程度開始，國家就是錯的呢？

定型想法的愚蠢

人類對於調節的喜悅往往會適得其反，而且證明了定型想法的侷限性。對此有兩個例子。第一個例子是已經被收錄進世界歷史軼聞集裡的眼鏡蛇效應（Kobra-Effekt）。

英國人佔領了印度，而眼鏡蛇對英國而言是個大問題，牠們無所不在而且致命。此時英國人想到了一個絕妙的點子，他們提供殺死眼鏡蛇的賞金，當地人只需要把眼鏡蛇的頭提交給最近的稅政單位即可。一開始一切都進行得很順利，但是突然之間眼鏡蛇的數量大幅增加。怎麼會這樣呢？原來是印度人開始在他們的住宅後院飼養眼鏡蛇，因為蛇突然成了收入來源。就這樣，其中一些眼鏡蛇成功逃跑，所以眼鏡蛇的數量比從前還更多了。

第二個例子是一所寄宿學校，這是一頁美國與印地安原住民互動的悲哀篇章。這所寄宿學校草創於一八八〇年，為的是要破壞美國原住民的認同並同化他們。在義務教育的藉口之下，年輕的印第安人從他們的保留地與他們的父母分離，穿越整個美國被帶到一所非常遙遠、專門為印地安人所設立的學校。他們被剪髮，必須穿著學校制服接受教育。很多小孩因此心力交瘁，並且開始自殺。一九三〇年時，寄宿學校法案（Boarding School Policy）鬆綁。是因為大家發現不公平之處了嗎？不是。只是因為他們得到相反的效果。對年輕的印地安人而言，學校變成了一種證明自己是否適合的測試。與此同時大家被迫學習英語，有趣的是，突然之間所有印地安的美國人可以透過共同的語言了解彼此，而且能夠交換意見。到目前為止的語言孤立可能沒有辦法透過不同的印地安方言來有效克服。最後，因為在學校裡受教育的主要都是印地安人，這反而對自我認同的形塑與共同歷史的維護作出了貢獻。原本為了消除印地安人對自身的同而創立的學校，卻對此做出了小小貢獻。

借助於這些例子我們更能夠理解，為什麼當每個人總是想要達成最好的，但總是事與願違。就像尼采曾說過的，哲學家不信任義務，因此在面對每一個決定——定型想法會促進所有人的幸福生活，還是阻礙幸福生活的決定，我們必須先質疑這種定型想法。也許如果人們都停止為彼此定型想法，那所有人會更接近幸福生活。

政治的仿生學

一位熟人曾告訴過我一件管理階層的簡短軼事。她所任職的公司業績並不理想，管理階層的心情也受到影響。有天，處長經過她的工作崗位，從垃圾桶中撿起了一隻鉛筆，並且開始削鉛筆。它本來還可以繼續用的！處長這樣大聲喊道，並砰地一聲把那枝筆放在辦公桌上。由此可知，如果資源被浪費的話，公司為什麼會如此地憤怒。處長也憤怒地走出門外。

這是一個大家都知道的機制，在失敗的時候我們會逃進熟悉的小事裡。如果某個人被巨大的相互關係壓得喘不過氣的話，就會去調節共同生活的平庸，但這種平庸根本不需要去調節。

謹慎縝密的控制意味著，大幅擴大觀察空間與觀看時間。政治必須開始系統性地思考，並且向相關網絡追根究底。它必須從「選舉週期的四年催眠狀態」（佛雷德利克・威斯特〔Frederic Vester〕）走出來，並進行全面的觀察，應該要接受控制論的培訓，並當政治家、自然科學家以及哲學家的學徒。政治的仿生學是較為合適的。

「仿生學」是一個源自於生物學以及技術的混合詞，為兩者之間的結合。謙遜面對自然的動態平衡，並相信人們會更好調節自我生存的政治家在哪裡？停止將自己陷入政治困境並且不再控制平庸程序的政治家在哪裡？人們要怎麼運用管理技巧來馴服大自然而不是否定它？

我們要去考量系統的生存能力，而且不只考慮一個可能，還要考慮到不適合的次級目標的「增長」也是恰當的。我們就先從理解政治無法備妥失業、環境變遷或是經濟成長的解決方法開始，因為政治本身不會創造就業機會、不會製造天氣也不會產生金錢。它要擔心的是秩序，確保整個系統不會過熱。

二〇〇八年時，因為龐大的股市崩盤而出現相當強烈的過熱情況，人們再一次忘記所有事物都有它最大的極限值，金融市場也是如此，人們也忘了稍微的節制是適當的。

美國把「增長」當作座右銘，開出空頭支票買下這種幸福生活的想像。九〇年代時流通的美元數量增加了兩倍（從大約三千五百美元增加至一萬兆美元）。在家裡有台能操作的印鈔機的確是非常誘人的，但當時的金融專家們沒有想到，貨幣供應量的增加會導致大幅的通貨膨脹。

病態的大腦開始受到這種抽象的、瘋狂的「我們現在就要幸福的心情」所吸引：信用違約交換或是資產抵押債券——這兩個都是巨大的交易。但是到底是用什麼進行呢？就是利用只能透過看不見的信用以及對於馬上賺到錢的貪婪，才會具有價值的毫無實質價值的東西進行。就像是兩千年的網路泡沫化。當時許多沒有業務產品的公司的股票估值，比福斯汽車的股票還要高。這種從無到有的煉金術渴望從不曾消失。人們在經過斥責後，又再度想起價值是什麼，不是把擔保品包裝成有價證券，而是使用刨刀真真實實地刻出一張漂亮的桌子。

進一步思考，這導致我們意識到是生活中的大部分美好都是由抽象概念組成的。消費商品世界大部分服務的是什麼都不是的需求，我們可以放棄百分之五十的消費，也不會遺漏不可缺少的東西。危機中人們經常出現這些想法。於是由非實體所組成的經濟就會萎縮，金融世界亦同，因為它是以非實體在進行交易。基於國家利益，現在必須要呼籲人們繼續購買這種沒有實體的東西，如此一來，突然之間一無所有的噩夢才不會成真。

此外，當時的總統喬治・布希（George W. Bush）在危機最高點時要求再次降低重貼現率，以阻止這場災難。於是干預的手段出現了，一如既往地就像塔納國一樣。

再一次的，自然的秩序比人類的秩序還要強大。金融市場上呈現出來的無政府混亂，只不過是作為系統性重組力量的內在動態平衡，為了持續淘汰不適合的東西。如果人為干涉的比例超出關鍵的範圍的話，那自然的重組就會開始，空頭資金與無價值股票的數量就跨過了那種臨界值。一切都按照計畫進行，儘管不是人類所構思的計畫。

這會對我們的生活伴侶、小孩與朋友們互動產生問題——簡單來說就是我們生活領域的往來。如果我們為自己擴大互動的觀察時間，並且停止一直以來只與自己歇斯底里的小部分感知進行商量，也許我們就能看見這一切如何慢慢地回復成平衡狀態。還有一點就是不需要努力。我們可以再更相信自然的流動平衡一點，而不是相信長期的干預。我們可以開始為自己尋找幸福生活，並且停止為別人定義。這將會是一個服務所有人的巨大成就。如果我們想要過上幸福生活的話，那就絕對不要相信承諾要給我們幸福生活的人。

對道德的憤怒

沒有道德的話就沒有共存，因此有必要承認標準與行為的規範。這並不困難，因為身為非常社會性的物種，人類能直覺感覺到什麼是「對與錯」。人類能像認出一頭羊一樣認出好的事物，無需威脅與訓練。

但是，如果我們過於頻繁在文化上出現這種直覺性的道德的話（像是取消在戰爭中或是出於宗教動機廢除殺生的禁令），我們會因此使社會道德敗壞。如果孩童在社會化的期間沒有學習尊重社團或服從社會規範的話，父母或許會對他們的小小個人主義者感到驕傲，但這只會維持到這些孩子們在社會的動態平衡中被打得鼻青臉腫為止。我們必須將「自由」作為教學內容導入學園與成人教育中，以便學習接受規範與質疑規範的能力，否則我們在這場道德力量的比賽中會很無助。

我們都有個人道德、與夥伴有夥伴關係的道德，這就是我們遇到群體與社會道德的方式。所有這些道德可能會彼此矛盾。不論這是否關乎營養、教育或是性愛，我們都會被迫不斷為自己辯護。

我們必須理解，個人道德永遠不會變成普遍性的道德。當然，康德的觀點是對的：「我永遠也不希望說謊的權利變成一般的法律。」同樣地，我們都會撒謊，因為謊言對於我們的幸福生活而言有很重要的功用。我們會用善意的謊言巧妙地迴避責任，然後感謝地處理掉我們不想要的漂亮聖誕節禮物。

但是我們不會想要一條針對說謊的法律，這樣我們的生活將會失去安全感和信任。其他事情也是如此，例如飲酒或性的不忠。這兩者顯然都是廣泛的個人行為，但永遠不會成為官方道德。它們必須維持在隱性的狀態，並且被當成是禁忌。它們是公認的次文化，具有會被公開批評的本質。

如果我們只對善惡進行評估而沒有反思，那麼多重道德（Multimoralität）是很容易讓人因它心力交瘁的事實。

我們是偽禁欲主義者

人類的一切行為都旨在過上幸福的生活。如果們根據一個錯誤的模式採取了一百次的行動，就會用同一個該死的模式選擇錯誤的道路或是錯誤的伴侶。但我們並不會這樣做，因為我們都不想要受苦，我們想要生活，而且想要好好地過生活。我們會做出錯誤的選擇，是因為我們被錯誤地設定了。如果想要過上幸福生活，就必須先理解自己，而且必要時要對自己做些改變。幸福生活是一個人的人生任務。所以是時候開始了！

因為有太多的需求與欲望種類，所以從自己的角度來看，別人的人生看起來黯淡無光。從過度的角度來看，貧困看上去沒有希望。然而實際上並非如此，那些禁食的人很快就會開始憐憫那些必須要吃東西的人。如果我們看到某人明顯在做與自己興趣相矛盾工作的人，我們可能會認為他肯定從中獲取了利益，只是這個利益不是那麼容易可以看得出來或說得出來的——但這往往對於行為者本人而言並非如此。

「如果你極度口渴，那你就把新鮮的水倒入口中然後再吐出來。」斯多噶主義者愛比克泰德（Epiktet）這樣建議道，接著再補一句挑釁的後話：「然後不要告訴任何人！」

自做蠢事然後不要告訴別人？這表示這件事情就真的只是為自己而做的。但如果一個人口渴的話，為什麼要把水吐出來呢？這不合理。我們就打開天窗說亮話吧！人們只會在有旁觀者在、而且能夠在道德上利用這一件事滿足另一個需求的時候，才會把水吐出來。雖然沒有解渴，卻滿足了另一個隱藏的需求。

因此，當人們在抱怨各式各樣的事物的時候，對愛比克泰德而言，這些人就只是需要觀眾來觀看自己不足的「偽禁欲主義者」。偽禁欲主義者會抱怨壓力、很多工作、各種狀態與生活。他狂熱、活躍，看似很有生產力（儘管不存在任何關聯）。但是為什麼他會如此狂熱呢？也許他有與他人相處的問題、婚姻問題或者這是一種轉移其他憂慮的嘗試。工作是必須工作的人最虛假的見證者之一。我們會利用工作來逃避，如侯斯奈所記述的那樣，諸如「我有太多事要做了」這種客套話都不是什麼好藉口，「而是拒絕自己承擔人類責任的所有面向的象徵」。

所以就大方地承認吧，每個人都想要得到最好的。這本書對你而言可能會是一個幫助，然而我們是相互影響的——你、我與每個人。無論你在生活中怎麼抉擇，那都會是一個對社會來說意義重大的決定。你在草坪上踏出的每一步都是對一條踩踏出來的小徑的貢獻，你在超市所付出的每一分都是投給你所購買的產品的選票。每一個所作所為以及每一個無所作為都是日常生活中的一場表決。如沙特所說的，因為人為自己做選擇，他也為所有人做了選擇，「因為，一個人為了創造一個他想要的自我而採取的一切行動，其實都是在創造他認為應然的人的形象。」[36]我們經常認為我們的行為沒有意義，而且「這根本不取決於我」。

真的是如此嗎？如果你闖紅燈過馬路，這沒問題；但是如果你旁邊站了一個小孩子的話，這就是一個不道德的行為。如果你想要在股市上獲利的話，當然沒問題；但如果你想要對期望公司經營出狀況或是所謂的「賣空」下賭注的話，那它們就會支持一個使人心神喪失並且觸發貪婪的機制。如果你想要省錢的話，是可以理解的；但是，另一方面你也會擔心一件要價四點五歐元的圓領短袖衫，可能是在剝削勞工、規避工作法規與侵害智慧財產權法而生產出來的，你還會在這種想法之下購買這件短袖衫嗎？世界上的壞人就是因為有一群認為這與我無關的人才會存在，這樣又有四點五歐元進入這種破壞力的小豬存錢筒裡了。如果我們去金援這種糟糕的生活，還扮演一個不好的榜樣的話，為什麼我們要抱怨，幸福生活這麼難成功達成呢？

每個人的行為對於市場經濟都具有重大意義。人們會不斷地觀察市場需求、進

36 譯注：語出：沙特，《存在主義即是人文主義》。

行輿論調查，就是想要知道人們的願望、需求、偏好與行為。所以拜託了，這正是一個機會啊！

如果你選擇了一個快樂，並且能與社會和平共處的生活的話，那你就增加了世界的樂趣以及群體精神的比例。對此，我衷心地感謝。

所以親愛的讀者們，你的幸福生活轉同時也是我的幸福生活。至少現在你知道我為什麼要寫這本書了。

熊與厄運名單的寓言後續

已經是傍晚了，太陽在林間空地上蒙上了一層淡淡的面紗，熊無精打采地經過兔子的家。熊擺出了一張根本不適合這傍晚輕柔心情的面孔。

「你好呀大熊！如果現在有其他人看見你，會被那張臉嚇到發抖的。」兔子這樣喊道，然後從牠兔窩前的扶手椅上跳了下來，「到底是什麼事情讓你到森林邊緣這裡來啊？進來吧，我剛泡了茶。」

「啊，你人真好。」熊這樣說道，然後找了個位子坐下。一陣深深的嘆息穿過林間空地。

「我很高興你來這裡拜訪。」兔子說道，「至今我仍為當時的事情感到很開心呢，你知道嗎！」

「是啊、是啊。」熊低沉地說。

「有很多其他的動物從名單上被剔除了嗎？」兔子問。

「剔除？」熊笑了，然後喝了一口茶。「沒有，沒有其他動物了。」

「天啊！」兔子說。

「是啊！」熊低聲地說道，「你在想什麼？從名單上被剔除！哈哈哈！大家都想要被納入名單之中，牠們都非常不耐煩而且怨聲載道。」熊喝了一口茶，用一種矯揉造作的假聲繼續說著：「啊，我們燕子也喜歡在牛棚內築巢，就因為這樣，我們就突然間不再是森林動物了嗎？我們沒有權利知道我們自己的命運嗎？」熊再喝了一口茶。「好，所以我只好把燕子納入不幸的名單上。」

「納入。」兔子隨聲附和道。

「我時常會覺得，我再也受不了。」熊說，然後把牠的大頭靠到爪子裡，「大家都想要從我這邊知道牠們的命運。」

「現在就是這樣囉，」兔子說，「但也就是你擁有這份名單嘛。」

「是啊，但是我也有其他事情要做啊！我必須尋找然後佈置我冬眠的洞穴。但是，你知道我做了什麼嗎？」兔子只是瞪大雙眼，熊馬上接著說：「我去拜託了海狸，請牠幫忙我蓋我的洞穴。你覺得這個主意怎麼樣？」兔子只是再度瞪大雙眼，熊繼續說：「我還沒看到洞穴，但是海狸說，那個洞穴對我和我的家人來說非常棒。但是因為牠專注於建造我的洞穴的緣故，而疏忽了牠自己的水壩建築，所以牠拜託了鼴鼠以及森林裡的鳥兒們幫忙蓋牠的水壩與洞穴。這也進行得非常順利。」

「啊哈！」兔子說。

「不過這些用鳥喙來協助海狸砍伐樹木的鳥兒們，在採集堅果方面，有一個小小的問題，因為牠們需要堅果來養活家裡。唉，你怎麼想呢？海狸在這段期間忙得不可開交，聽說森林裡的鳥兒把牠的海壩完全蓋錯了。唉，我告訴你吧！不管怎麼樣，現在松鼠負責找堅果，然後狐狸來收集蟲子。」

「但是狐狸根本就不喜歡蟲子啊！」兔子說。

「嘖，我的天。」熊喊了聲，「牠應該只需要幫鳥搜集蟲子就好，因為鳥兒也無暇顧及這件事，反正狐狸應該不會吃那些蟲。」熊咯咯地笑，因為顯然兔子什麼也沒有搞懂。現在森林裡的運作方式不太一樣，也更現代了。可憐的兔子，自從牠不在不幸的名單上後，就在森林邊緣的林間空地把生活弄得很舒適，幾乎什麼事都不了解。

「這對我來說太過分了，」他接著繼續說，「我開始被動物們要求保有這份該死的名單，而且要不停地提供解決方式與建議，以維持森林裡的秩序。我不能接受，牠們必須付錢給我。」

「我了解。」兔子說，雖然這是個小謊言。但他不想讓特地來拜訪自己、已經累壞了的熊生氣，而且牠也想用天真的兔子視角參與森林裡的大事。

「那你乾脆停止怎麼樣呢？」兔子最後小聲地問道。

「什麼？要停止什麼東西？」熊反問。

「噢，那份名單啊！」兔子說，「停止吧，乾脆把你自己從名單上剔除掉就好了。」

「是啊，這樣也好。」熊深思道，「但是沒辦法這樣做啊，這對大家來說太重要了，我身負重任。」

「好吧，也只能這樣了。」兔子說。

「沒錯，就只能這樣了！」熊說，它喝完茶之後，慢慢地往牠的洞穴走回去，而許多動物早已耐心地排成隊伍等在牠的洞穴前面了。動物的隊伍長長地直到湖畔，當熊從山丘上望去時，牠就知道自己有多麼正確。這群動物們就是需要牠——牠與牠那份不幸的名單。

參考文獻

我想推薦一些不錯的書，來協助我們對於美好生活的思考，雖然有部分的書並非是這本書的參考書目，但它們畢竟有益於我的人生。同時我也略過了許多書籍。對我而言，這些參考書目旨在協助與建議，而不是為了提供百科全書式的完備性或是多廣博的學識，因此並沒有像哈伯馬斯文學的參考書目，這即使對於已經知悉的讀者來說也非常艱澀。為了保留完整的政治思維，我也廣泛地閱讀了大量「政治思想史」的書籍。

廣泛地多加思考

有一些較為傑出的人，他們在任何事情前都會先再三考慮，並且將所想的事物寫下來，以利查閱及反覆端詳。雖然這不能取代獨立思考，但應該會有所幫助。

Bateson, Gregory, *Ökologie des Geistes*, Suhrkamp, Frankfurt/Main 1981

Bateson, *Gregory, Geist und Natur - Eine notwendige Einheit*, Suhrkamp, Frankfurt/Main 1982

貝特松（Bateson）為精神科醫師與保羅・瓦茨拉威克（Paul Watzlawick）的良師益友，他在這兩本書中的短篇文章以及對話錄中，呈現出他對於所有存在的系統性觀點；其中許多以片段式撰寫的內容，之後可以在瓦茨拉威克的著作中參閱，但是很值得了解這個想法的來源。

Dennet, Daniel und Hofstadter, Douglas, *Einsicht ins Ich*, Klett-Cotta, Stuttgart 1986

一本思想巧妙的文集，其中有艾倫・圖靈（Alan Turing）、史丹尼斯瓦夫・賴（Stanislaw Lem）以及雷蒙德・斯穆里安（Raymond Smullyan）等人的文章。

de Rosnay, Joël, *Das Makroskop*, dva, Stuttgart 1977

模控學的首個宣言；內容記錄了有關現代思想的所有內容，至今日我們尚未完全理解。

Schmidt-Salomon, Michael, *Manifest des evolutionären Humanismus*, Alibri, Aschaffenburg 2006

一本對於現代思想以及理解世界的指南。

自由

Popper, Karl, *Alles Leben ist Problemlösen*, Piper, München 1994

關於知識、歷史與政治的清晰好理解的文章；關於自由與民主的機智有理的文章。

Mill, John Stuart, *Über die Freiheit*, Meiner, Hamburg 2007

享樂主義

Epikur, Von der *Überwindung der Furcht*, Artemis & Winkler Verlag, Düsseldorf/Zürich 1983

從一個人的慾望……

Mill, John Stuart, *Utilitarismus*, Reclam, Ditzingen 2006

……到最大數值的最大幸福。

康德的定言令式

Kant, Immanuel, *Die Metaphysik der Sitten*, Band 8 der Werksausgabe, Suhrkamp, Franfurt/Main 1991

啟蒙運動的偉大著作。

自由主義

Mises, Ludwig von, *Liberalismus*, Academia, St. Augustin 2006

自由主義的聖經。

愛

Platon, *Symposion/Das Gastmahl*, In: Platon, Sämtliche Dialoge, Gesamtausgabe, Bd III,

Meiner, Hamburg 2004

偉大的世界文學著；關於愛情的最終對話

Koisser, Harald und Schulak, Eugen, *Wenn Eros uns den Kopf verdreht*, Orac, Wien 2005

觀察愛欲哲學的散文集；一趟穿越兩千五百年西方歐洲對於愛情、欲望與愛欲之思想的漫步

中世紀

Huizinga, Johan, *Herbst des Mittelalters*, Alfred Kröner Verlag, Stuttgart 1961

中世紀最偉大的經典著作。

尼采的發展倫理學

Nietzsche, Friedrich, *Jenseits von Gut und Böse*, Insel, Frankfurt/Main 1984

尼采完成的並非完全的哲學著作；他的核心思想往往貫穿於他的書中，這些書

多編撰為格言對話錄；人們最為熟悉的是本著作中，他的倫理學與屏棄基督教博愛的理論。

柏拉圖的倫理學

Platon, *Sämtliche Dialoge*, Gesamtausgabe, Bd III, Meiner, Hamburg 2004

柏拉圖的倫理已在他的著作《國家篇》與《拉克斯》中展露無遺，然而閱讀這整本著作會帶來全方位的閱讀樂趣；推薦給那些書架上還有二十三公分空位的人們。

新教倫理

Weber, Max, *Die protestantische Ethik und der Geist des Kapitalismus*, Area, Erfstadt 2007

韋伯是這個主題的經典人物（即使他的著作有時候閱讀起來很艱澀乏味）。

宗教信仰

Dawkins, Richard, *Der Gotteswahn*, Ullstein, Berlin 2007

一篇反對宗教信仰的激烈的論戰文章。

Messadié, Gerald, *Die Geschichte Gottes*, Ullstein/Propyläen, Berlin 1998

有扎實基礎、全面性且扣人心弦的信仰歷史。

Lapide, Pinchas, *Ist die Bibel richtig übersetzt?*, Gütersloher Verlag, Gütersloh, München 2004

我們已經知道「處女」（Jungfrau）是因為一個簡單的翻譯錯誤，被翻譯成「年輕的女子」（junge Frau）；然而，為什麼在東方會在知善惡樹上寫「蘋果」呢？蘋果在當時幾乎不為人所熟知。拉彼得（Lapide）以溫和的方式分析聖經的翻譯錯誤，並問道：「錯誤的翻譯都是神聖的嗎？」

對此，人們手邊應該要有一本塔納赫（舊約聖經）以及新約聖經的統一譯本，並且應該閱讀這些成為我們文化的書籍，並檢驗今天它們是否以及多大的程度上仍有意義。

叔本華的同情倫理學

Schopenhauer, Arthur, *Über das Mitleid*, dtv, München 2005

這本書是選自《作為意志與表象的世界》（*Die Welt als Wille und Vorstellung*）的摘錄，但為了不超譯叔本華的著作，這本書就已經足夠。

社會主義

Marx, Karl, *Das Kapital*

閱讀一本通俗版的資本主義非常值得的；《共產黨宣言》是部粗魯的鬥爭著作，而我們能在《資本論》中發現對有根據的經濟生活分析。

國家圖書館出版品預行編目資料

為什麼我們明明過得很好卻不快樂？/哈洛德．柯依瑟爾（Harald Koisser）著；方子恆 譯. -- 初版. -- 臺北市：商周出版：家庭傳媒城邦分公司發行, 2020.07
面； 公分. --
譯自：Warum es uns so schlecht geht, obwohl es uns so gut geht: Was ist ein gutes Leben?
ISBN 978-986-477-874-4（平裝）
1. 人生哲學 2.生活指導
191.9 109009264

為什麼我們明明過得很好卻不快樂？

原著書名／Warum es uns so schlecht geht, obwohl es uns so gut geht: Was ist ein gutes Leben?
作者／哈洛德．柯依瑟爾（Harald Koisser）
譯者／方子恆
企劃選書／林宏濤
責任編輯／張詠翔

版權／黃淑敏、林心紅
行銷業務／莊英傑、周丹蘋、黃崇華、周佑潔
總編輯／楊如玉
總經理／彭之琬
事業群總經理／黃淑貞
發行人／何飛鵬
法律顧問／元禾法律事務所 王子文律師
出版／商周出版
城邦文化事業股份有限公司
臺北市中山區民生東路二段141號9樓
電話：(02) 2500-7008 傳眞：(02) 2500-7759
E-mail：bwp.service@cite.com.tw
Blog：http://bwp25007008.pixnet.net/blog
發行／英屬蓋曼群島商家庭傳媒股份有限公司城邦分公司
臺北市中山區民生東路二段141號2樓
書虫客服服務專線：(02) 2500-7718．(02) 2500-7719
24小時傳眞服務：(02) 2500-1990．(02) 2500-1991
服務時間：週一至週五09:30-12:00．13:30-17:00
郵撥帳號：19863813 戶名：書虫股份有限公司
讀者服務信箱E-mail：service@readingclub.com.tw
歡迎光臨城邦讀書花園 網址：www.cite.com.tw
香港發行所／城邦（香港）出版集團有限公司
香港灣仔駱克道193號東超商業中心1樓
電話：(852) 2508-6231 傳眞：(852) 2578-9337
E-mail：hkcite@biznetvigator.com
馬新發行所／城邦(馬新)出版集團 Cité (M) Sdn. Bhd.
41, Jalan Radin Anum, Bandar Baru Sri Petaling,
57000 Kuala Lumpur, Malaysia
電話：(603) 9057-8822 傳眞：(603) 9057-6622
Email：cite@cite.com.my

封面設計／兒日設計
排版／新鑫電腦排版工作室
印刷／韋懋印刷有限公司
經銷商／聯合發行股份有限公司
電話：(02) 2917-8022 傳眞：(02) 2911-0053
地址：新北市231新店區寶橋路235巷6弄6號2樓

■2020年07月初版
■2023年02月初版3.3刷

Printed in Taiwan
城邦讀書花園
www.cite.com.tw

定價 360 元

Original title: Warum es uns so schlecht geht, obwohl es uns so gut geht

ISBN 978-986-477-874-4

廣　告　回　函
北區郵政管理登記證
台北廣字第000791號
郵資已付，免貼郵票

104台北市民生東路二段141號2樓

英屬蓋曼群島商家庭傳媒股份有限公司　城邦分公司

請沿虛線對摺，謝謝！

書號：BP6030　**書名：**為什麼我們明明過得很好卻不快樂？　**編碼：**

請於此處用膠水黏貼

讀者回函卡

不定期好禮相贈！
立即加入：商周出版
Facebook 粉絲團

感謝您購買我們出版的書籍！請費心填寫此回函卡，我們將不定期寄上城邦集團最新的出版訊息。

姓名：＿＿＿＿＿＿＿＿＿＿＿＿＿＿＿＿ 性別：☐男 ☐女

生日：西元＿＿＿＿＿＿年＿＿＿＿＿＿月＿＿＿＿＿＿日

地址：＿＿＿＿＿＿＿＿＿＿＿＿＿＿＿＿＿＿＿＿

聯絡電話：＿＿＿＿＿＿＿＿＿＿ 傳真：＿＿＿＿＿＿＿＿＿＿

E-mail ：

學歷：☐ 1. 小學 ☐ 2. 國中 ☐ 3. 高中 ☐ 4. 大學 ☐ 5. 研究所以上

職業：☐ 1. 學生 ☐ 2. 軍公教 ☐ 3. 服務 ☐ 4. 金融 ☐ 5. 製造 ☐ 6. 資訊
☐ 7. 傳播 ☐ 8. 自由業 ☐ 9. 農漁牧 ☐ 10. 家管 ☐ 11. 退休
☐ 12. 其他＿＿＿＿＿＿＿＿＿＿＿＿＿＿＿＿

您從何種方式得知本書消息？

☐ 1. 書店 ☐ 2. 網路 ☐ 3. 報紙 ☐ 4. 雜誌 ☐ 5. 廣播 ☐ 6. 電視
☐ 7. 親友推薦 ☐ 8. 其他＿＿＿＿＿＿＿＿＿＿

您通常以何種方式購書？

☐ 1. 書店 ☐ 2. 網路 ☐ 3. 傳真訂購 ☐ 4. 郵局劃撥 ☐ 5. 其他＿＿＿

您喜歡閱讀那些類別的書籍？

☐ 1. 財經商業 ☐ 2. 自然科學 ☐ 3. 歷史 ☐ 4. 法律 ☐ 5. 文學
☐ 6. 休閒旅遊 ☐ 7. 小說 ☐ 8. 人物傳記 ☐ 9. 生活、勵志 ☐ 10. 其他

對我們的建議：＿＿＿＿＿＿＿＿＿＿＿＿＿＿＿＿＿＿＿＿

＿＿＿＿＿＿＿＿＿＿＿＿＿＿＿＿＿＿＿＿

＿＿＿＿＿＿＿＿＿＿＿＿＿＿＿＿＿＿＿＿

請於此處用膠水黏貼